令和元年7月～9月　第116集

裁決事例集

一般財団法人 大蔵財務協会

はじめに

　現在、国税不服審判所における審査請求事件の裁決については、法令の解釈、運用上先例となり、他の参考となる重要な判断を含んだもの、また、事実認定に関し他の参考となる判断を含んだもの等が公表されています。

　本書は、国税不服審判所より公表された裁決を、多くの税理士、公認会計士、弁護士、行政法学者等の方々の便に資するため四半期ごとに取りまとめて「裁決事例集」として発行しているものです。

　今版は、「裁決事例集（第116集）」として、令和元年7月から令和元年9月分までの間に公表された裁決を収録しておりますが、今後公表される裁決についても逐次刊行していく予定です。

　本書が、日頃の税務上の取扱いの判断の参考となり税務事務の一助となれば幸いです。

　なお、収録されている裁決が、その後の国税に関する処分の取消訴訟において、その処分の全部又は一部が取り消されている場合がありますので、本書のご利用に際してはご注意ください。

令和2年5月

目　　次

〈令和元年7月分から令和元年9月分〉

一　国税通則法関係

（重加算税　隠ぺい、仮装の認定　認めなかった事例）

二　所得税法関係

（配当所得　所得の発生　配当）

（不動産所得　必要経費　その他）

（事業所得　必要経費　青色申告の特典　事業専従者給与）

4　労務の対価として相当と認められる金額は、請求人が必要経費に算入した青色
事業専従者給与の金額ではなく、類似同業者の青色事業専従者給与額の平均額で

を計算するに当たり、調剤薬品等の課税仕入れは、課税資産の譲渡等とその他の
資産の譲渡等に共通して要するものに区分すべきと判断した事例（①平成23年10
月1日から平成24年9月30日までの課税期間の消費税及び地方消費税の更正の請
求に対して平成30年2月28日付でされた更正をすべき理由がない旨の通知処分、
②平成24年10月1日から平成25年9月30日まで、平成25年10月1日から平成26年
9月30日まで、平成26年10月1日から平成27年9月30日まで及び平成27年10月1
日から平成28年9月30日までの各課税期間の消費税及び地方消費税の各更正の請
求に対して平成30年8月28日付でされた更正をすべき理由がない旨の各通知処

五　国税徴収法関係

（差押財産の帰属の認定　動産）

（財産の換価等　最高価申込者の決定）

（財産の換価等　その他）

一　国税通則法関係

〈令和元年7月分から令和元年9月分〉

事例1 （重加算税　隠ぺい、仮装の認定　認めなかった事例）

> **取引先と通謀して検収書に虚偽の検収日を記載した事実は認められないと判断した事例**（①平成28年4月1日から平成29年3月31日までの事業年度の法人税に係る重加算税の賦課決定処分、②平成28年4月1日から平成29年3月31日までの課税事業年度の地方法人税に係る重加算税の賦課決定処分、③平成28年4月1日から平成29年3月31日までの課税期間に係る消費税及び地方消費税に係る重加算税の賦課決定処分・①②③一部取消し・令和元年7月2日裁決）

《要旨》

　原処分庁は、請求人の従業員（本件従業員）が平成29年3月20日時点において、手書き図面のデータ化に係る役務の提供が完了していないにもかかわらず、本件検収書に同日を検収日として記載して事実を仮装した行為は、国税通則法第68条《重加算税》第1項に規定する事実の仮装に該当する旨主張する。

　しかしながら、請求人は、検収日に、手書き図面の電子データ化がされた図面をまとめたファイルの納品を受けており、本件従業員は、当該ファイルが納品された時点で役務の提供が実質的に完了しているとの認識の下、本件検収書に検収日を記載したものと認められることから、本件従業員が意図的に本件検収書に虚偽の検収日を記載したとはいえないため、請求人に同項に規定する事実の仮装があったとは認められない。

《参照条文等》

　国税通則法第68条第1項

（令和元年7月2日裁決）

《裁決書（抄）》

1 事 実

(1) 事案の概要

　　本件は、審査請求人（以下「請求人」という。）が、手書の図面を電子データ化する費用を損金の額に算入したことについて、原処分庁が、当該電子データ化が完了していないにもかかわらず、相手方と通謀して虚偽の証ひょう書類を作成し、当該費用を損金の額に算入したことが事実の仮装の行為に当たるとして、法人税等の重加算税の各賦課決定処分をしたのに対し、請求人が、相手方と通謀して虚偽の証ひょう書類を作成した事実はないとして、同処分のうち過少申告加算税相当額を超える部分の取消しを求めた事案である。

(2) 関係法令

　　国税通則法（以下「通則法」という。）第68条《重加算税》第1項は、通則法第65条《過少申告加算税》第1項の規定に該当する場合において、納税者がその国税の課税標準等又は税額等の計算の基礎となるべき事実の全部又は一部を隠蔽し、又は仮装し、その隠蔽し、又は仮装したところに基づき納税申告書を提出していたときは、当該納税者に対し、政令で定めるところにより、過少申告加算税の額の計算の基礎となるべき税額に係る過少申告加算税に代え、当該基礎となるべき税額に100分の35の割合を乗じて計算した金額に相当する重加算税を課する旨規定している。

(3) 基礎事実

　　当審判所の調査及び審理の結果によれば、以下の事実が認められる。

　イ　請求人について

　　(イ)　請求人は、昭和16年2月〇日に設立された、石油の輸出入業、精製業及び販売業等を目的とする法人であり、e事業所（以下「本件事業所」という。）及びf事業所を有している。

　　(ロ)　本件事業所には、総務部や工務部のほか五つの部が置かれており、総務部は総務グループ及び購買グループに分かれ、また、工務部はTグループ（以下「Tグループ」という。）、工務グループ及びUグループに分かれている。

　　(ハ)　請求人は、本件事業所及びf事業所における購買業務について、「購買業務

管理規則」に基本事項を定めており、同規則第26条には、工事の検収について、要求部署が所定の完成検査の合格を認め、又は試運転後所定の性能を確認するなど工事の完成を確認したときに要求部署が検収し、検収報告書を作成し、購買グループに提出する旨が定められている。

ロ　完成図書整理工事（INTEG）について

(イ)　Tグループ所属のJが作成した平成28年6月20日付の「見積引合仕様書」（以下、「本件仕様書」といい、本件仕様書による工事を「本件工事」という。）には、要旨次の記載がある。

　　A　件名は、完成図書整理工事（INTEG）である。

　　B　本件工事の概要は、INTEG関係の完成図書整理工事に伴い、既存の図面（以下「原図」という。）をCADソフトを利用して電子データ化（以下、この電子データ化されたデータを「本件CADデータ」という。）する工事である。

　　C　工事期間は、平成28年7月20日から平成29年3月20日までである。

　　D　完全検収は、工事完了後完成図書提出の時点とする。

　　E　工事仕様は、「見積引合補足仕様書」（以下「本件補足仕様書」という。）のとおりである。

(ロ)　本件補足仕様書には、要旨次の記載がある。

　　A　工事内容の概要は、本件事業所INTEG計装関係の完成図書をCADソフトにより作成するものである。

　　B　本件工事の完成図書の作成内容は、別表1の「作成内容」欄のとおりとする。

　　C　作成した図面については、事前に施工者にて記載ミス、印刷不良等の精査を行った上で、○○として提出すること。

　　D　完成図書の製本は、原則、図面はA4サイズで印刷し、キングファイルにまとめて2部提出すること。

　　　また、本件CADデータは、CD−ROM等の外部記録媒体に保存して提出すること。

　　E　進捗報告は、原則、1か月に1回進捗状況をまとめ報告すること。

(ハ)　K社は、平成28年7月20日付で本件工事に係る見積書を作成し、本件事業所

に提出した。

㈡　本件事業所は、平成28年8月8日付の注文書により、本件工事をK社に発注し、K社は、同月18日付の注文請書により、本件工事を受注した。

　　上記の注文書及び注文請書には、いずれも本件工事の発注金額を4,050,000円（税込み）及び施工納入期日を平成29年3月20日とする旨記載されている。

㈢　K社は、平成29年3月20日、キングファイル2冊（以下「本件ファイル」という。）を本件事業所に提出した。

　　また、K社は、本件工事に係る「検収依頼伝票／検収報告書」（以下「本件検収書」という。）の「責任者」欄にK社L事業所次長のMの記名押印し、「施工完了日」欄に「2017年3月20日」と記載して、本件検収書を本件事業所に提出した。

　　さらに、K社は、「工事完了に伴う検収報告のお願いについて」と題する書面（以下「本件検収願い」という。）の「検収年月日」欄に「2017年3月20日」と記載して、本件検収願いを本件事業所に提出した。

㈣　Jは、本件検収書の「検収日」欄に「2017年3月20日」と記載し、Tグループ長の決裁を受けた後、本件検収書の「報告日」欄に「2017年3月22日」と記載した上で、本件検収書を本件事業所の総務部購買グループに回付した。

　　また、Jは、本件検収願いの「ご確認日」欄に「2017年3月23日」、「ご担当者」欄に「TG　J」と記載し、押印した上で、本件検収願いをK社に返還した。

ハ　請求人は、平成29年3月20日、本件工事の代金3,750,000円（税抜き）を損金の額に算入するとともに、4,050,000円（税込み）を消費税の課税仕入れに係る支払対価の額に算入した。

ニ　K社は、平成29年6月末頃、本件CADデータを格納した外部記録媒体（以下「本件記録媒体」という。）を本件事業所に提出した。

(4)　審査請求に至る経緯

イ　請求人は、平成28年4月1日から平成29年3月31日までの事業年度（以下「本件事業年度」という。）の法人税及び平成28年4月1日から平成29年3月31日までの課税事業年度（以下「本件課税事業年度」という。）の地方法人税について、青色の確定申告書にそれぞれ別表2及び別表3の各「確定申告」欄のとおり記載して、いずれも法定申告期限（法人税法第75条の2《確定申告書の提出期限の延

長の特例》第１項又は地方法人税法第19条第５項により１月間延長されたもの）までに申告した。また、請求人は、平成28年４月１日から平成29年３月31日までの課税期間（以下「本件課税期間」という。）の消費税及び地方消費税（以下「消費税等」という。）の確定申告書に別表４の「確定申告」欄のとおり記載して、法定申告期限までに申告した。

ロ　Ｎ税務署長は、原処分庁所属の調査担当職員（以下「本件調査担当職員」という。）の調査に基づき、平成30年５月29日付で、請求人が、実際には本件記録媒体及び図面データを印刷した製本が本件事業年度末までに納品されていないにもかかわらず、Ｋ社と通謀し、本件検収書の「施工完了日」欄に、本件事業年度中に本件記録媒体及び当該図面データを印刷した製本を納品したとする虚偽の納品日を記載させ、本件工事の代金を損金の額に算入していたなどとして、別表２ないし別表４の各「更正処分等」欄のとおり、本件事業年度の法人税、本件課税事業年度の地方法人税及び本件課税期間の消費税等の各更正処分（以下「本件各更正処分」という。）並びに過少申告加算税及び重加算税の各賦課決定処分（以下、当該各賦課決定処分のうち重加算税に係る各賦課決定処分を「本件各賦課決定処分」という。）をした。

ハ　請求人は、本件各賦課決定処分を不服として、平成30年８月27日に審査請求をした。

なお、請求人は、本件各更正処分を審査請求の対象としていない。

2　争　点

請求人には通則法第68条第１項に規定する事実の仮装があったか否か。

3　争点についての主張

原処分庁	請求人
通則法第68条第１項に規定する事実の仮装があった。	通則法第68条第１項に規定する事実の仮装はなかった。
(1)　本件工事における本件記録媒体は、単なる媒体という位置づけではなく、そもそもの契約の目的であり、かかる目的物の納品を契約担当者であるＪが失念する	(1)　Ｊは、本件工事を紙ベースの原図を電子データ化する作業の委託として捉えており、○○を受領する都度、原図どおりに作成されているか確認し、平成29年３

ことはおおよそ想定できない。

　また、Jは、自ら補正を行う担当者であり、現に平成29年3月20日後に補正を行っていることから、同日に役務の提供が完了したと誤認することはおおよそあり得ない。

　さらに、Jは、①本件記録媒体を平成29年3月20日までに受け取っていないこと、②同日に提出された本件ファイルは同日時点におけるチェック未済の電子データを印刷したものであること、③同日が契約満了日であるため、同日までに検収を終わらせたいと思っていたこと、④同日以降に本件ファイルのチェックを行い、修正依頼を行っていること、⑤本件工事に係る役務の提供が完了したのは同年6月28日以降であることを申述している。

　これらのことから、Jが、平成29年3月20日時点において本件工事の役務の提供が完了しておらず、検収も行っていないことを認識しつつ、本件検収書の「検収日」欄に「2017年3月20日」と記載したことは明らかである。

(2)　本件工事は、平成29年3月20日において、本件ファイルの補正作業が未了であり、本件記録媒体の提出もされていないことから、客観的に役務の提供が未了で

月20日時点において、○○の確認作業は全て終えていたことから、本件工事の役務の提供が完了したと認識していた。

　また、平成29年3月20日以降に行われた図面の補正は、本件補足仕様書に指示のない様式・形式などの図面の体裁を整える作業であり、Jは、この補正が本件工事の範囲外であると認識していた。

　さらに、Jは、平成29年3月20日に図面の電子データ化が完了した本件ファイルが納品されており、本件記録媒体を入手する喫緊性はないため、図面の体裁を整える作業の完了後、本件記録媒体の引渡しを受けることでよいと認識していた。

　加えて、本件ファイルは、電子データを印刷したものであり、当然に本件ファイルと同時に本件記録媒体を納品することは可能であり、Jが本件検収書に虚偽の検収日を記載する動機はなかった。

　これらのことから、Jは、平成29年3月20日時点において、本件工事に係る役務の提供が完了していたと認識していたことから、虚偽の本件検収書を作成したという認識はなかった。

(2)　Mは、平成29年3月20日に、紙ベースの完成版である本件ファイルを納品したため、同日に本件工事に係る役務の提供が完了していたと認識し、本件検収書及

あることが明らかであるにもかかわらず、MがJに断りなく、一方的に「施工完了日」欄に同日を記載した本件検収書を発行するとは考え難い。

また、Mは、①通常、「検収依頼伝票／検収報告書」は役務の提供が完了して、施主の検収を受けた後に発行すること、②役務の提供の完了前に「検収依頼伝票／検収報告書」や請求書を発行することはないこと、③本件検収書は、平成29年3月20日に本件ファイルを提出した際にJから依頼を受けたから発行したものであって、同日に本件記録媒体の納品はしていないこと、④役務の提供の完了前に本件検収書及び本件検収願いを発行したことについて、Jと合意があったこと、⑤同月31日までに本件工事に係る役務の提供が完了していないことを申述している。

これらのことから、Jが、Mと通謀し、平成29年3月20日において、本件工事に係る役務の提供が完了していないにもかかわらず、Mに本件検収書の提出を指示したものと認められる。

(3) 以上のことから、Jが、平成29年3月20日時点において、本件工事に係る役務の提供が完了していないにもかかわらず、本件検収書に同日を検収日等として記載して事実を仮装した行為は、通則法

び本件検収願いを発行したのであり、双方から特別な依頼はなかった。

また、Mは、本件調査担当職員に対して、Jと合意があった旨申述したが、Jと図面の体裁を整える作業が全て完了した後に、本件記録媒体を引き渡すことで不都合がないことをいつもどおり確認したまでであり、本件工事に係る役務の提供が完了していないことを認識しつつ、検収を行うことに合意したということではない。

さらに、J及びMは、いずれも、本件調査担当職員に対して、平成29年3月31日時点で本件工事に係る役務の提供が完了していない旨申述したが、本件工事の検収要件を確認した上で、本件調査担当職員による質疑応答が行われたものであり、この各申述をもって、同日時点で役務の提供が完了していないことを認識していたことにはならない。

(3) 以上のことから、J及びMともに、本件ファイルが納品された時点で本件工事に係る役務の提供が完了していたと認識していたため、虚偽の本件検収書を作成したという意識はなく、また、通謀した

| 第68条第1項に規定する事実の仮装に該当する。 | という事実も認められないことから、請求人に通則法第68条第1項に規定する事実の仮装はなかった。 |

4 当審判所の判断

(1) 法令解釈

　　通則法第68条第1項は、上記1の(2)のとおり、通則法第65条第1項の規定に該当する場合において、納税者がその国税の課税標準等又は税額等の計算の基礎となるべき事実の全部又は一部を隠蔽し、又は仮装し、その隠蔽し、又は仮装したところに基づき納税申告書を提出していたときは、当該納税者に対し、過少申告加算税に代え、重加算税を課する旨規定している。

　　そして、通則法第68条第1項にいう「事実を隠蔽し」とは、課税標準等又は税額等の計算の基礎となる事実について、これを隠蔽しあるいは故意に脱漏することをいい、また、「事実を仮装し」とは、所得、財産あるいは取引上の名義等に関し、あたかも、それが真実であるかのように装う等、故意に事実をわい曲することをいうと解するのが相当である。

(2) 認定事実

　　請求人提出資料、原処分関係資料並びに当審判所の調査及び審理の結果によれば、以下の事実が認められる。

　イ　本件工事について

　　(イ)　完成図書整理工事は、①請求人保存の原図は、本件事業所の設備自体が古いものも多く、手書きの原図に補修工事の部分を別の完成図書を添付してあるなど一枚になっていないものもあり、一貫性がなかったこと、また、②完成図書の形式は、CADデータやエクセルデータなどで作成されたものとなっており、統一されていなかったことから、原図と実際の現場が合っているか否かを確認し、整理して最新版の完成図書を作成することを目的として、平成27年5月から開始されたものである。

　　(ロ)　本件調査担当職員は、平成29年9月26日から同月29日まで実施した本件事業所に対する実地の調査において、本件CADデータの作成年月日が平成29年6月28日となっていたことから、本件記録媒体が提出されたのは同日以降である

ため、本件工事の代金を本件事業年度の損金の額に算入することはできないことを指摘し、請求人は当該指摘を認めた。

ロ　本件ファイルについて

(イ)　K社は、別表1の「○○提出日」欄のとおり、平成28年10月、同年11月、平成29年2月及び同年3月の4回に分けて、○○を本件事業所に提出した。

(ロ)　Jは、K社から提出された○○について、原図と確認する作業を行い、変更する点を○○に朱書きしてK社に返却し、訂正を依頼した。

(ハ)　K社が平成29年3月に本件事業所に提出した○○のうち、「○○」の○○11枚（別表1の「作成内容」欄の○○）については、いずれも原図のとおりとなっていたが、Jは、当該各○○にタイトルの名称変更や設置当時の制御盤の名称から現行の制御盤の名称への変更などの箇所を朱書きして、K社に返却した。そして、K社は、平成29年3月20日以降に上記の変更を行った。

(ニ)　本件調査担当職員からの照会文書に対するMの平成30年3月19日付の回答書には、当社として、紙ベース（ファイル2部）を提出時点にて、施工完了日と判断し本件検収書に施工完了日を記載し提出した旨が記載されている。

(ホ)　以上のことからすると、平成29年3月20日に提出された本件ファイルは、上記(ハ)の訂正がされていなかったものの、少なくとも原図の電子データ化は終了し、本件ファイルは原図どおりの図面をまとめたものであったと認められる。

ハ　Tグループが発注した本件工事以外の工事に係る検収の状況について

以下のとおり、電子データの提出が検収要件となるTグループが発注した本件工事以外の工事についても、紙ベースの完成図書が提出された時点で検収を行っていた例が認められる。

(イ)　K社に発注した「完成図書整理工事（No.1 CDU関係）」に係る平成27年5月12日付の見積引合仕様書では、完全検収は工事完了後完成図書提出の時点とし、完成図書の製本は、原則、図面はA4サイズで印刷し、キングファイルにまとめて2部とCAD図面を外部記録媒体に保存して提出することになっているところ、当該工事に係る「検収依頼伝票／検収報告書」の「検収日」欄には、「2016年2月29日」と記載されているが、当該工事に係る完成図書の電子データを保存した外部記録媒体は、平成28年11月18日以降に提出されていた。

当該工事の担当者(P)は、○○の確認作業が終了し、平成28年2月29日にK社

から紙ベースの完成図書が提出されたため、同日を「検収依頼伝票／検収報告書」の「検収日」欄に記載していた。

(ロ) K社に発注した「泡消火配管自動弁更新工事の内、計装工事」に係る平成28年1月8日付の見積引合仕様書及び計装工事補足仕様書では、完全検収は工事完了後完成図書提出の時点とし、完成図書は工事完了後1か月以内に電子データと共に提出することになっているところ、当該工事に係る「検収依頼伝票／検収報告書」の「検収日」欄には、「2016年3月18日」と記載されているが、当該工事に係る完成図書の電子データを保存した外部記録媒体は、平成28年7月20日以降に提出されていた。

当該工事の担当者(Q)は、当該工事の終了を現場で確認し、平成28年3月18日にK社から紙ベースの完成図書が提出されたため、同日を「検収依頼伝票／検収報告書」の「検収日」欄に記載していた。

(ハ) R社に発注した「T -010（28,746KL CRT）タンク開放検査工事の内、計装工事」に係る平成25年12月2日付の見積引合仕様書及び計装工事補足仕様書では、完全検収は工事完了後完成図書提出の時点とし、完成図書は工事完了後1か月以内に電子データと共に提出することになっているところ、当該工事に係る「検収依頼伝票／検収報告書」の「検収日」欄には、「H27年1月20日」と記載されているが、当該工事の完成図書に係る電子データを保存した外部記録媒体は、平成27年2月26日以降に提出されていた。

当該工事の担当者(S)は、当該工事の施工完了を現場で確認し、平成27年1月20日にR社から紙ベースの完成図書が提出されたため、同日を「検収依頼伝票／検収報告書」の「検収日」欄に記載していた。

(ニ) 上記(ロ)及び(ハ)以外のTグループが発注した計装工事に係る見積引合仕様書及び補足仕様書でも、完全検収は工事完了後完成図書提出の時点とし、完成図書は工事完了後1か月以内に電子データと共に提出することになっているものがあるが、これらの計装工事についても同様の検収がなされていたことが認められる。

(ホ) 以上のとおり、Tグループが発注した工事に係る見積引合仕様書及び補足仕様書では、完全検収は紙ベースの完成図書と電子データが提出された時点とされているものの、施工業者から紙ベースの完成図書が提出された日を「検収依

頼伝票／検収報告書」の「検収日」欄に記載されていた例があることからすると、Tグループにおいて、電子データが提出されない限り検収できないといった意識が一般的にあったものとは認められない。

(3) 関係者の答述等

イ　Jの申述及び答述

(イ)　Jは、平成29年11月28日、本件調査担当職員に対し、要旨次のとおり申述した。

A　チェック未済の書面が全てつづられた本件ファイルの提出があったことから、検収を行った。

B　チェック前の書面の提出はあったが、修正後の書面もまだ納入されていなかったと思うし、本件記録媒体の納入も行われていなかったため、平成29年3月31日時点では役務提供が完了していない。

　　チェック未済で検収したのは、平成29年3月20日が契約満了日だったことから、それまでに検収を終わらせたいと思ったからである。

C　本件工事の役務提供が完了したのは、はっきりとは覚えていないが、本件CADデータの作成年月日が平成29年6月28日となっていることから、その日以降に役務提供が完了したことは間違いないと思う。

(ロ)　Jは、平成30年11月27日、当審判所に対し、要旨次のとおり答述した。

A　見積引合仕様書には、完全検収という項目があり、一般の工事であれば、工事の施工が完了し、その後に施工図である完成図書（電子データを含む。）を引き渡されていれば、契約上は完全検収であるが、現場としては、電子データが来なくても、紙ベースの完成図書が引き渡されていれば完全検収としていた。

　　電子データは、訂正のやり取りがある場合があるので、電子データのやり取りが完了していなくても完全検収としていた。今回問題となっている工事も同様に考えていた。

　　業者から引き渡された外部記録媒体は管理していない。データをサーバーに保存してしまえば問題ない。

B　本件検収書に検収日を2017年3月20日と記載したのは、○○の提出があり確認が終わり、本件ファイルが提出されたため検収したにすぎない。Mに、

— 13 —

これといった依頼はしていない。通常のやり取りである。

C 平成29年9月29日に本件調査担当職員に対し、朱書きの内容は図面の根幹となる訂正事項ではなく、役務提供の範囲ではないと説明した。

ロ Mの申述及び答述

(イ) Mは、平成29年11月28日、本件調査担当職員に対し、要旨次のとおり申述した。

A 請求人にまだチェックがされていない未完成の図面提出を行ったときに依頼があり、本件検収書を発行した。

B ドラフト版として書類ベースの引渡しは、平成29年3月20日に行っている。はっきりとは覚えていないが、本件CADデータの作成年月日が平成29年6月28日となっているから、その日以降に納入し役務提供が完了したことになる。

(ロ) Mは、平成30年11月28日、当審判所に対し、要旨次のとおり答述した。

A 本件工事の工事項目としては、手書き図面の一覧があり、請求人からそれのコピーを預かり、その原図からCAD化、データ化するという仕事であった。

今回は、進捗状況の報告とともに○○の提出があり、本件補足仕様書上は、原則月1回進捗状況を報告することになっていたが、実際は、適時に報告していた。

B 原図どおりの○○の提出は、平成29年3月20日までには完了していた。また、進捗状況の表も併せて提出していた。提出した○○に訂正箇所があれば、朱書きで返却され、それを反映するという作業であった。

○○というのは、原図をCAD化して、それから出力したものであり、原図どおりの○○は、正確には記憶していないが、工期末の平成29年3月20日までには提出済みということである。それまでに朱書きの部分で変更依頼があったものについては変更済みであり、その後、原図の名称等が変更になっていたので訂正してほしいなどの軽微な変更があり、返却されているが、当社としては、工期末の平成29年3月20日までには○○を完了したものを本件ファイルで提出したと考えている。

C しかし、本件CADデータは提出していないのは事実である。当社では、

外部記録媒体の管理が厳格なこともあり、本件CADデータを外部記録媒体で提出するのは1回にしたかったからである。

　完成品を本件ファイルにとじて、本件検収書に日付を記入して請求人に本件検収願いとともに提出し、本件検収願いに検収した日付が記入されて返還されたので、売上げに計上した。

　検収に関して、特別にJから連絡があったことはない。本件仕様書上の締め切り日付までに仕事を終わらせ、提出したにすぎない。

D　確か問題になっている工事の1年前にも同様な工事があり、紙ベースのものを提出すれば、請求人は検収してくれた。

　当社は、図面の場合には原図どおりに提出すれば、本来仕事は終了であり、それと同じように今回もしただけである。

　原図からの変更は、軽微なものであれば、過去からの関係もあり、保証の範囲内との認識である。

(4)　検討

イ　J及びMの申述及び答述の信用性等の検討

(イ)　Jの答述の内容について

　Jは、上記(3)のイの(ロ)のA及びBのとおり、①現場としては、電子データの引渡しがなくても、紙ベースの完成図書が引き渡されていれば完全検収としていた旨及び②本件検収書に検収日を2017年3月20日と記載したのは、○○の提出があり確認が終わり、本件ファイルが提出されたため検収したにすぎない旨の答述をしている。

　これらの答述は、平成29年3月20日におけるJの認識を具体的かつ詳細に述べており、また、同日に提出された本件ファイルの状況等（上記(2)のロ）及びTグループが発注した本件工事以外の工事に係る検収の状況（同(2)のハ）とも整合することから、信用することができる。

(ロ)　Mの答述の内容について

　Mは、上記(3)のロの(ロ)のBないしDのとおり、①当社としては、工期末の平成29年3月20日までには○○を完了したものを本件ファイルで提出したと考えている旨、②本件検収書に日付を記入して請求人に本件検収願いとともに提出し、本件検収願いに検収した日付が記入されて返還されたので、売上げに計上

した旨及び③１年前にも同様な工事があり、紙ベースのものを提出すれば、請求人は検収してくれたので、それと同じように今回もしただけである旨の答述をしている。

　これらの答述は、具体的かつ詳細であり、Ｊの答述とも合致するものである上、平成29年３月20日に提出された本件ファイルの状況等（上記(2)のロ）、平成30年３月19日付の回答書の記載内容（同ロの(ニ)）及び平成27年５月にＫ社に発注した完成図書整理工事（No.１ CDU 関係）に係る検収の状況（同(2)のハの(イ)）とも整合することから、信用することができる。

(ハ)　Ｊ及びＭの申述の内容について

　Ａ　Ｊは、上記(3)のイの(イ)のＢのとおり、平成29年３月末時点では、チェック前の書面の提出はあったが、修正後の書面もまだ納入されていなかったと思う旨申述しているが、信用性が認められる上記(イ)の答述に加え、上記(3)のイの(ロ)のＣの答述も併せ鑑みれば、Ｊは、本件ファイルが原図どおりになっていれば、朱書きの内容が修正されていなくても、完成図書として認識したものと考えられ、上記の申述は、本件ファイルが完成図書ではないと認識しつつ、契約満了日までに検収を終わらせるため、あえて虚偽の検収日を記載したことを認めたものとは考えられない。

　Ｂ　また、Ｊは、上記(3)のイの(イ)のＢのとおり、本件記録媒体の納入も行われていなかったため、平成29年３月31日時点では役務提供が完了していない旨申述し、また、Ｍは、同(3)のロの(イ)のＢのとおり、本件 CAD データの作成年月日が同年６月28日となっているから、その日以降に納入し役務提供が完了したことになる旨申述している。

　　しかしながら、これらの申述は、上記(2)のイの(ロ)のとおり、請求人が本件調査担当職員からの本件工事の代金を本件事業年度の損金の額に算入することはできないとの指摘を認めた後の平成29年11月28日に実施された質問調査に対するものであるのに対し（上記(3)のイの(イ)及びロの(イ)）、一方で、Ｊ及びＭは、同(3)のイの(イ)のＡ及び(ロ)のＢ並びに同(3)のロの(イ)のＡ及び(ロ)のＢのとおり、本件調査担当職員の質問調査の時点から一貫して、同年３月20日に本件ファイルの提出があったから、本件検収書にそれぞれ施工完了日及び検収日を同日と記載した旨申述及び答述している。こうしたことからすると、

本件記録媒体の納入がなく役務提供が完了していない旨のJ及びMの申述は、いずれも質問調査が実施された平成29年11月28日において、客観的事実として、本件調査担当職員からの役務の提供が未了である旨の指摘を認めたことを示すものにすぎない。

ロ　本件検収書に施工完了日及び検収日を平成29年3月20日と記載したことについて

(イ)　本件工事は、上記1の(3)のロの(ロ)のDのとおり、完成図書の製本として、原則、A4サイズで印刷した図面をキングファイルにまとめて2部と本件CADデータを保存した外部記録媒体を提出することとなっているところ、①本件記録媒体は、平成29年6月末頃に提出されていること（同(3)のニ）、②請求人は、本件調査担当職員からの本件工事の代金を本件事業年度の損金の額に算入することができないとの指摘を認めていること（上記(2)のイの(ロ)）からすると、本来、本件検収書には、本件記録媒体が提出された日以降の日を施工完了日及び検収日として記載すべきであったと認められる。

(ロ)　一方、①完成図書整理工事の目的は、原図を整理して最新版の完成図書を作成することであること（上記(2)のイの(イ)）、②平成29年3月20日に提出された本件ファイルについては、少なくとも原図の電子データ化がされ、原図どおりの図面をまとめたものであったこと（同(2)のロの(ホ)）、③Jとしては、朱書きの内容は図面の根幹となる訂正事項ではなく、役務提供の範囲ではないと考えていたこと（上記(3)のイの(ロ)のC）、④Tグループにおいて、電子データが提出されない限り検収できないといった意識が一般的にあったとは認められないこと（上記(2)のハの(ホ)）から、J及びMは、本件ファイルが提出されたことをもって、本件工事に係る役務の提供が実質的に完了したものと考え、従前の工事と同様に、本件検収書にそれぞれ施工完了日及び検収日を2017年3月20日と記載したものと認められる。

(ハ)　そうすると、J及びMは、本件ファイルが提出された時点で本件工事に係る役務の提供が実質的に完了しているとの認識の下、本件検収書にそれぞれ施工完了日及び検収日を2017年3月20日と記載したと認められ、JがMと通謀し、虚偽の施工完了日及び検収日が記載された本件検収書を作成することにより、本件工事に係る役務の提供が完了していないにもかかわらず、あたかも役務の

提供が完了したかのように故意に事実をわい曲したとは認められない。

　ハ　小括

　　以上のとおり、JがMと通謀し、意図的に本件検収書に虚偽の検収日を記載したとは認められず、その他の証拠によっても請求人が故意に事実を仮装することによって、本件工事の代金を本件事業年度の損金の額又は課税仕入れに係る支払対価の額に算入したと評価すべき事実も認められないことから、請求人に通則法第68条第1項に規定する事実の仮装があったとは認められない。

(5)　原処分庁の主張について

　イ　原処分庁は、上記3の「原処分庁」欄の(1)のとおり、①契約担当者であるJが本件記録媒体の納品を失念することはおおよそ想定できないこと、②補正担当であるJが平成29年3月20日後に補正を行っており、同日に役務提供が完了したと誤認することはおおよそあり得ないこと並びに③Jが同日までに本件記録媒体を受け取っていないこと、同日に提出された本件ファイルはチェック未済のものであったこと及び同日が契約満了日であるため検収を終わらせたいと思っていたことなど申述したことから、Jが同日時点において本件工事の役務の提供が完了しておらず、検収も行っていないことを認識しつつ、本件検収書の「検収日」欄に「2017年3月20日」と記載したことは明らかである旨主張する。

　　しかしながら、Jが、本件ファイルが提出された平成29年3月20日時点で本件工事に係る役務の提供が実質的に完了したものと考え、本件検収書の「検収日」欄に同日を記載したものであり、本件工事に係る役務の提供が完了していないにもかかわらず、あたかも役務の提供が完了したかのように故意に事実をわい曲したとは認められないことは上記(4)のロで述べたとおりであることから、原処分庁の主張には理由がない。

　ロ　原処分庁は、上記3の「原処分庁」欄の(2)のとおり、Jが、Mと通謀し、平成29年3月20日において、本件工事に係る役務の提供が完了していないにもかかわらず、Mに本件検収書の提出を指示したものと認められる旨主張する。

　　しかしながら、上記(3)のロの(イ)のAのとおり、Mは、未完成の図面提出を行ったときに依頼があり、本件検収書を発行した旨申述しているものの、同ロの(ロ)のCのとおり、検収に関して、特別にJから連絡があったことはない旨答述しており、また、J及びMは、本件ファイルが提出された平成29年3月20日時点で本件

工事に係る役務の提供が実質的に完了したものと考えていたことは上記(4)のロで述べたとおりである。したがって、JがMと通謀し、Mに本件検収書の提出を指示したとは認められないことから、原処分庁の主張には理由がない。

(6) 本件各賦課決定処分の適法性について

　　本件各賦課決定処分については、上記(4)のハのとおり、通則法第68条第1項に規定する重加算税の賦課要件を満たしていない。他方、請求人につき、通則法第65条第1項所定の要件を充足するところ、本件各更正処分により納付すべき税額の計算の基礎となった事実が、本件各更正処分前の税額の計算の基礎とされていなかったことについて、同条第4項に規定する「正当な理由」があるとは認められない。そして、本件事業年度の法人税、本件課税事業年度の地方法人税及び本件課税期間の消費税等の過少申告加算税の額については、計算の基礎となる金額及び計算方法につき請求人は争わず、当審判所において、請求人が納付すべき本件事業年度の法人税、本件課税事業年度の地方法人税及び本件課税期間の消費税等の過少申告加算税の額を計算すると、別紙1ないし別紙3の各「取消額等計算書」のとおりであると認められる。したがって、本件各賦課決定処分のうち過少申告加算税相当額を超える部分は違法である。

(7) 結論

　　以上によれば、審査請求には理由があるから、原処分の一部を別紙1ないし別紙3の各「取消額等計算書」のとおり取り消すこととする。

別表 1　完成図書の作成内容及び○○提出日　（省略）

別表 2　審査請求に至る経緯（法人税）（省略）

別表 3　審査請求に至る経緯（地方法人税）（省略）

別表 4　審査請求に至る経緯（消費税等）（省略）

別紙 1　取消額等計算書　（省略）

別紙 2　取消額等計算書　（省略）

別紙 3　取消額等計算書　（省略）

二　所得税法関係

〈令和元年7月分から令和元年9月分〉

事例2 （配当所得　所得の発生　配当）

> **外国法人の事業分割に伴う株式の交付が配当所得に該当するとした事例**（平成27年分の所得税及び復興特別所得税の更正処分並びに過少申告加算税の賦課決定処分・棄却・令和元年8月1日裁決）
>
> 《ポイント》
>
> 　本事例は、外国法人の事業分割に伴い日本の居住者に交付された株式について、当該事業分割は法人税法第2条第12号の9に規定する分割型分割によるものに当たらず、所得税法第24条第1項に規定する剰余金の配当に該当するとしたものである。

《要旨》

　請求人は、自らが株式を保有していた米国法人が事業分割（本件事業分割）し、2社の独立した法人となったことにより、新たに事業を承継した法人の株式（本件株式）の交付を受けたことについて、当該米国法人の事業分割前の株価と事業分割後の米国法人2社の株価の合計額とがほぼ同等であり、当該分割の前後において、全体としての株式の価値の増減は見られないこと、本件事業分割について、米国の課税上、米国法人2社双方の株主が非課税扱いとされていたことからすれば、本件株式の交付により請求人は所得を得ておらず、我が国の所得税法第24条《配当所得》第1項に規定する剰余金の配当に該当しない旨主張する。

　しかしながら、本件株式は、当該米国法人の株主としての地位を有する者に対し、当該米国法人の利益剰余金を原資として交付されたものと認められる。また、米国における課税上の取扱いが我が国の課税上の取扱いに影響を及ぼすことはない。加えて、本件事業分割は、我が国の会社法上の分割に相当する法的効果を具備するとはいえず、法人税法第2条《定義》第12号の9に規定する分割型分割には当たらないというべきであるから、本件株式の交付は所得税法第24条第1項に規定する剰余金の配当に該当する。

《参照条文等》

　所得税法第24条第1項

《参考判決・裁決》

東京地裁平21年11月12日判決（判タ1324号134頁）

（令和元年8月1日裁決）

《裁決書（抄）》

1　事　実

　(1)　事案の概要

　　　本件は、原処分庁が、審査請求人（以下「請求人」という。）に交付された外国
　　法人の株式は剰余金の配当に当たるなどとして、所得税等の更正処分等をしたのに
　　対し、請求人が、当該株式を取得したことに実質的な利益は発生していないなどと
　　して、それらの処分の一部の取消しを求めた事案である。

　(2)　関係法令

　　イ　行政手続法関係

　　　　行政手続法第14条《不利益処分の理由の提示》第1項本文は、行政庁は、不利
　　　益処分をする場合には、その名宛人に対し、同時に、当該不利益処分の理由を示
　　　さなければならない旨規定し、同条第3項は、不利益処分を書面でするときは、
　　　同条第1項の理由は、書面により示さなければならない旨規定している。

　　ロ　国税通則法関係

　　　　国税通則法（平成28年法律第15号による改正前のもの。以下「通則法」とい
　　　う。）第65条《過少申告加算税》第4項は、同条第1項又は第2項に規定する納
　　　付すべき税額の計算の基礎となった事実のうちにその更正前の税額の計算の基礎
　　　とされていなかったことについて正当な理由があると認められるものがある場合
　　　には、これらの項に規定する納付すべき税額からその正当な理由があると認めら
　　　れる事実に基づく税額を控除して、これらの項の規定を適用する旨規定している。

　　ハ　所得税法関係

　　　(イ)　所得税法（平成29年法律第4号による改正前のもの。以下同じ。）第24条
　　　　《配当所得》第1項は、配当所得とは、法人から受ける剰余金の配当（株式又
　　　　は出資に係るものに限るものとし、資本剰余金の額の減少に伴うもの及び分割
　　　　型分割（法人税法（平成28年法律第15号による改正前のもの。以下同じ。）第
　　　　2条《定義》第12号の9に規定する分割型分割をいう。）によるものを除く。）、
　　　　利益の配当、剰余金の分配、投資信託及び投資法人に関する法律第137条《金
　　　　銭の分配》の金銭の分配、基金利息並びに投資信託及び特定受益証券発行信託
　　　　の収益の分配（以下「配当等」という。）に係る所得をいう旨規定している。

－ 25 －

なお、平成29年法律第４号による改正後の所得税法（以下「改正所得税法」という。）第24条第１項では、上記の「剰余金の配当」から除かれるものとして、株式分配（法人税法第２条第12号の15の２に規定する株式分配をいう。）が新たに加えられている。

㈹　所得税法第25条《配当等とみなす金額》第１項柱書及び同項第２号は、法人の株主等が当該法人の分割型分割（法人税法第２条第12号の12に規定する適格分割型分割を除く。）により金銭その他の資産の交付を受けた場合において、その金銭の額及び金銭以外の資産の価額の合計額が当該法人の同条第16号に規定する資本金等の額のうち、その交付の基因となった当該法人の株式又は出資に対応する部分の金額を超えるときは、この法律の規定の適用については、その超える部分の金額に係る金銭その他の資産は、所得税法第24条第１項に規定する剰余金の配当、利益の配当、剰余金の分配又は金銭の分配とみなす旨規定している。

　なお、改正所得税法第25条第１項第３号では、みなし配当に当たる事由の一つとして、当該法人の株式分配（法人税法第２条第12号の15の３に規定する適格株式分配を除く。）が新たに加えられている。

ニ　法人税法関係

㈵　法人税法第２条第12号の２は、分割法人とは分割によりその有する資産及び負債の移転を行った法人をいう旨規定し、同条第12号の３は、分割承継法人とは分割により分割法人から資産及び負債の移転を受けた法人をいう旨規定している。

㈹　法人税法第２条第12号の９は、分割型分割とは、次に掲げる分割をいう旨規定している。

　　Ａ　分割の日において当該分割に係る分割対価資産（分割により分割法人が交付を受ける分割承継法人の株式その他の資産をいう。）の全てが分割法人の株主等に交付される場合の当該分割（同号のイ）。

　　Ｂ　分割対価資産が交付されない分割で、その分割の直前において、分割承継法人が分割法人の発行済株式等の全部を保有している場合又は分割法人が分割承継法人の株式を保有していない場合の当該分割（同号のロ）。

ホ　会社法関係

会社法第2条《定義》第29号は、吸収分割とは株式会社又は合同会社がその事業に関して有する権利義務の全部又は一部を分割後他の会社に承継させることをいう旨、また、同条第30号は、新設分割とは1又は2以上の株式会社又は合同会社がその事業に関して有する権利義務の全部又は一部を分割により設立する会社に承継させることをいう旨をそれぞれ規定している。

(3) 基礎事実

当審判所の調査及び審理の結果によれば、以下の事実が認められる。

イ　請求人について

請求人は、従前、G社の株式を保有していたが、平成14年頃、同社がH社に吸収合併され、H社の株式が割り当てられたことにより、H社の株主となった。そして、請求人の平成27年10月末現在のH社の株式の保有数は、18,992株であった。

請求人は、H社の株式をアメリカ合衆国（以下「米国」という。）のJの証券口座（以下「本件証券口座」という。）において保有し、毎年、H社の配当金を収受していた。

ロ　H社の事業分割について

(イ) H社は、1939年に創業し、コンピュータやプリンターなどを中心とした、コンピュータ関連機器の開発、製造、販売、サポートなどを行う米国のK州に登記上の本店を置く法人であり、L証券取引所に上場していた。

(ロ) H社の取締役会は、平成27年10月1日、以下を骨子とする事業分割（以下「本件事業分割」という。）案を承認し、プレスリリースした。

当該プレスリリースの内容は、要旨、次のとおりである。

A　H社は、平成27年11月〇日、M社とN社の独立した2社に分割され、前者はH社の企業向け技術インフラ事業、ソフトウエア事業、サービス事業及び金融事業（以下、これらの事業を併せて「エンタープライズ事業」という。）を継承し、後者はH社のプリンター事業及び個人向けシステム事業を継承する。

B　本件事業分割は、平成27年10月21日を基準日（以下「本件基準日」という。）とし、本件基準日現在のH社の株主が保有するH社の株式に対し、M社の株式を比例的に分配する（H社の株式1株に対し、M社の株式1株を割り当てる。）方法によって行われる。

C 本件事業分割は、平成27年11月○日に実行され、H社はN社に社名変更し、N社の株式は引き続きL証券取引所で取引される。一方、M社は新たにL証券取引所に上場されるが、事業分割後両社には資本関係はなく、独立した上場会社としてそれぞれ別個に運営される。

D 本件基準日現在のH社の株主は、M社の株式の交付を受けるため、何らかの行為をすることは要求されず、その対価の支払をすることも、H社の株式と交換することもない。

(ハ) H社の株主には、平成27年10月8日付で、本件事業分割に関連する詳細事項が記載された「INFORMATION STATEMENT」と題する書面が交付された。同書面には、本件事業分割が、米国内国歳入法（Internal Revenue Code。以下「米国歳入法」という。）第355条及び同第368条(a)(1)(D)に適合する組織再編成であり、米国内国歳入庁（Internal Revenue Service。以下「IRS」という。）から、税制適格の組織再編成である旨を認定する「private letter ruling」（以下「個別ルーリング」という。）の交付を受けることを条件とする旨、記載されている。

(ニ) H社、M社及びその他の関係会社は、平成27年10月31日付で、「SEPARATION AND DISTRIBUTION AGREEMENT」と題する契約書に基づく契約（以下「本件契約」という。）を締結した。

ハ 請求人のM社株式の取得について

本件事業分割は、平成27年11月○日、上記ロの(ロ)のとおり実行され、請求人は、本件証券口座においてM社の株式18,992株（以下「本件株式」という。）を取得した。

なお、請求人は、本件株式の取得について、米国で課税されなかった。

(4) 審査請求に至る経緯

イ 請求人は、平成27年分の所得税及び復興特別所得税（以下「所得税等」という。）について、別表1の「確定申告」欄のとおり記載した確定申告書を法定申告期限までに原処分庁に提出した（以下、当該確定申告書を「本件確定申告書」といい、本件確定申告書による申告を「本件確定申告」という。）。

なお、請求人は、本件確定申告において、H社から交付を受けた本件株式に係る所得をその所得計算に含めていなかった。

ロ　原処分庁は、平成28年9月8日、請求人の所得税等の実地の調査に着手した
　（以下、当該調査を「本件調査」といい、本件調査を担当した原処分庁所属の調
　査担当職員を「本件調査担当職員」という。）。

ハ　原処分庁は、本件調査の結果に基づき、平成30年2月5日付で、請求人の平成
　27年分の所得税等について、別表1の「更正処分等」欄のとおりの更正処分（以
　下「本件更正処分」という。）及び過少申告加算税の賦課決定処分（以下「本件
　賦課決定処分」といい、本件更正処分と併せて「本件更正処分等」という。）を
　した。

　　本件更正処分等において、原処分庁は、請求人がH社から交付を受けた本件株
　式は所得税法第24条第1項に規定する配当等に該当するとした。本件更正処分等
　に係る通知書（以下「本件通知書」という。）に記載された処分理由は、要旨、
　別紙のとおりである。

ニ　請求人は、本件更正処分等のうち、本件株式の交付を配当等とする部分に不服
　があるとして、平成30年4月27日に再調査の請求をした。

ホ　再調査審理庁は、平成30年7月25日付で本件更正処分等に対する再調査の請求
　をいずれも棄却する再調査決定をした。

ヘ　請求人は、平成30年8月22日、再調査決定を経た後の本件更正処分等に不服が
　あるとして審査請求をした。

2　争　点
(1)　本件通知書の処分理由に不備があるか否か（争点1）。
(2)　請求人が受けた本件株式の交付は、所得税法第24条第1項に規定する配当等に該
　当するか否か（争点2）。
(3)　本件確定申告が過少申告であることについて、通則法第65条第4項に規定する
　「正当な理由」があるか否か（争点3）。

3　争点についての主張
(1)　争点1（本件通知書の処分理由に不備があるか否か。）について

原処分庁	請求人
本件通知書に記載された配当所得に関する処分の理由には、①請求人が、本件	本件更正処分等に係る通知書は、税務調査の経緯や態様に照らし、原処分庁が

証券口座に入庫された本件株式につい
て、本件確定申告書に記載していなかっ
たこと、②本件株式は、本件契約によ
り、法人であるH社から同社の株主とし
ての地位に基づき同社の剰余金の配当を
受けたものと認められること、③本件株
式の取得は、配当所得として申告する必
要があることが記載されている。

　以上の記載によれば、本件通知書にお
ける処分の理由は、原処分庁の判断の慎
重と合理性を担保してその恣意を抑制す
るとともに、処分の理由を名宛人に知ら
せて不服の申立てに便宜を与える趣旨を
充足するものと認められるから、行政手
続法第14条の趣旨に照らし、法の要求す
る理由の提示として欠けるものではな
い。

調査して得られた事実とその評価を明ら
かにして、該当する条文の文言を指摘し
これに当てはめる記述となっていなけれ
ば、理由の提示として不十分であり、行
政手続法第14条第1項本文に反し、処分
の違法の理由となるものである。

　本件通知書の結論部分では、所得税法
第24条第1項の条文の一部を指摘するも
のの、収入時の評価額が収入金額となる
ことの根拠条文を指摘しておらず、必要
な条文のうちの一つの指摘を欠いてい
る。

　また、請求人は単に利益剰余金を原資
とする金員の交付を受けたのではなく、
本件株式の交付を受けたものであるから、
原処分庁が「剰余金の配当」と評価
する理由など併せて示さなければ、理由
の提示として不十分である。

　したがって理由の提示に違法があり、
本件更正処分等は取り消されるべきであ
る。

(2)　争点2（請求人が受けた本件株式の交付は、所得税法第24条第1項に規定する配
当等に該当するか否か。）について

原処分庁	請求人
次の理由から、本件株式の交付は、所得税法第24条第1項に規定する配当等に該当する。	次の事実を勘案すると、本件株式の交付は、所得税法第24条第1項に規定する配当等に該当しない。
イ　N社の平成28年10月期の連結財務諸	イ　請求人が株式を所有していたH社

表の記載から、同事業年度中に「利益剰余金（Retained earnings）」が減少したことが認められ、また、請求人の本件株式の取得は、H社が本件契約を基因として、H社の株主に対し、当該株主としての地位に基づいて交付したことによるものと認められることから、本件株式の交付は、所得税法第24条第1項に規定する「剰余金の配当」に該当する。

ロ　改正所得税法第24条第1項及び第25条第1項（第3号及び第4号に係る部分に限る。）の規定は、施行日（平成29年4月1日）以降に行われた同法第24条第1項に規定する株式分配について適用する旨規定しており、施行日前に行われた本件株式の交付について、当該各規定は適用されない。

は、会社を分割して2つの独立した上場会社となったが、分割前のH社の株価と、分割後のM社株式及びN社株式の合計株価はほぼ同等であり、当該分割の前後において、全体としての株式の価値の増減は見られない。

ロ　本件事業分割は、親会社であったH社の株主資本を子会社であったM社に投資したことになり、M社に対する投資対価としてM社の株式が分配されたものであるから、H社の株主がM社に投資したことになり、剰余金の配当とする根拠はない。

ハ　本件事業分割は、米国の課税上、税制適格の組織再編成として、H社及びM社の双方の株主が非課税の取扱いとなっている。

ニ　仮に、上記イないしハの主張が採用されないとしても、本件株式の交付は、H社からM社が独立して事業を行うための株式分配であるから、改正所得税法第24条第1項及び同法第25条第1項第3号に規定する株式分配のうちの適格株式分配に該当するというべきである。

	そして、この事業分割は、改正所得税法の施行前に行われたものであるが、以前から非課税とされていた適格分割型分割による株式交付との公平の点や、企業再編に税法が合わせたもので改正法の立法事実は変わらない点から、改正所得税法の趣旨に照らし所得税法を解釈すべきである。

(3) 争点3（本件確定申告が過少申告であることについて、通則法第65条第4項に規定する「正当な理由」があるか否か。）について

請求人	原処分庁
本件調査は、着手から本件更正処分等がされる日まで約17か月という長期間にわたっており、請求人に不要な経済的、精神的負担を強いたことは不当である。また、長期間の調査にもかかわらず、その間に本件調査担当職員から交付された説明文書の内容は本件更正処分等の理由とは異なるものであったことから、税務行政を専門に執行する本件調査担当職員にとっても、本件に対する課税関係を認定するのが困難であったということができる。したがって、請求人が、本件株式の交付について申告しなかったことに、納税者の責めに帰することができない客観的な事情が存するというべきである。　また、請求人以外にM社の株式の交付を受けた者の中で、これを配当所得又は	請求人の主張する事情は、本件確定申告書において、本件株式の取得が配当所得に当たるものとして税額の計算の基礎とされていなかったことについて、真に請求人の責めに帰することのできない客観的な事情があり、過少申告加算税の趣旨に照らしてもなお請求人に過少申告加算税を賦課することが不当又は酷になるとは認められない。　したがって、本件確定申告が過少申告となったことについて、通則法第65条第4項に規定する「正当な理由」があるとは認められない。

みなし配当所得のいずれにも当たらない として確定申告し、それが是認された者 が多数存するのであれば、請求人に対し 本件賦課決定処分を行うことは不当又は 酷なものであるのは明らかである。 　したがって、本件確定申告が過少申告 となったことについて、通則法第65条第 4項に規定する「正当な理由」があると 認められる。	

4　当審判所の判断

(1)　争点1（本件通知書の処分理由に不備があるか否か。）について

　イ　法令解釈

　　　行政手続法第14条第1項本文が、不利益処分をする場合に同時にその理由を名宛人に示さなければならないとしているのは、名宛人に直接に義務を課し又はその権利を制限するという不利益処分の性質に鑑み、行政庁の判断の慎重と合理性を担保してその恣意を抑制するとともに、処分の理由を名宛人に知らせて不服の申立てに便宜を与える趣旨に出たものと解されることから、当該処分の理由が上記の趣旨を充足する程度に具体的に明示するものであれば、同項本文の要求する理由の提示として不備はないものと解するのが相当である。

　ロ　当てはめ

　　　本件通知書には、処分理由として、別紙のとおり、①請求人が、本件株式を本件証券口座に入庫させる方法により受領したこと、②本件株式については、本件事業分割に伴い、法人であるH社から同社の株主としての地位に基づき、同社の剰余金の配当を受けたものと認められること、③上記①及び②から、本件株式は、所得税法第24条第1項に規定する剰余金の配当に該当し、本件株式の交付日である平成27年11月○日における評価額を配当所得として申告する必要があると認められるところ、本件確定申告書に計上されていなかったこと等が記載されており、課税の根拠をその基礎となる事実関係及び適用法令を提示して具体的に説明したものということができる。したがって、行政手続法第14条第1項本文の趣旨に照

らし、行政庁の判断の慎重と合理性を担保してその恣意を抑制するとともに、処分の理由を名宛人に知らせて不服の申立てに便宜を与えるという同項本文の要求する理由の提示として欠けるところはないというべきであり、本件通知書の処分理由に不備はない。

ハ　請求人の主張について

　　請求人は、上記3の(1)の「請求人」欄のとおり、本件通知書は、本件株式の収入時の評価額が収入金額となることの根拠条文を指摘しておらず、また、本件株式の分配を「剰余金の配当」と評価する理由も示していないから、理由の提示に違法があり、本件更正処分等は取り消されるべきである旨主張する。

　　しかしながら、本件通知書には、上記ロのとおり、本件株式の交付について、課税の根拠となる適用法令及び剰余金の配当と判断する事実関係のいずれについても記載されており、行政手続法第14条第1項本文の趣旨に照らしても十分であるから、請求人の主張は採用できない。

(2)　争点2（請求人が受けた本件株式の交付は、所得税法第24条第1項に規定する配当等に該当するか否か。）について

イ　法令解釈

　(イ)　所得税法第24条第1項は、配当所得について、法人から受ける剰余金の配当、利益の配当、剰余金の分配、投資信託及び投資法人に関する法律第137条の金銭の分配、基金利息並びに投資信託及び特定受益証券発行信託の収益の分配に係る所得をも含むとしており、配当所得を決算手続に基づく利益の配当に限定していない。そして、これらの規定において、利益配分の性格を有しない基金利息や各種収益の混合体というべき投資信託の収益の分配等がいずれも配当所得に含まれていることを考慮すると、所得税法上の配当所得の概念は、相当に広範なものと考えるべきであって、法人がその株主等の出資者に対し、出資者としての地位に基づいて分配した利益は、その名目のいかんにかかわらず、所得税法上の配当所得に該当すると解するのが相当である。

　(ロ)　また、所得税法第24条第1項の規定は、法人から受ける剰余金の配当（株式又は出資に係るものに限る。）のうち、資本剰余金の額の減少に伴うもの及び分割型分割によるものを配当所得から除くとしている。そして、同項に規定する分割型分割とは、法人税法第2条第12号の9のイ又はロが掲げる分割をいう

― 34 ―

ところ、法人税法は、同号にいう分割の意義について特段の定義規定を設けておらず、我が国の会社法を準拠法として行われる分割に限るとはしていないことからすると、法人税法にいう分割は、我が国の会社法に準拠して行われる分割に限られず、外国の法令に準拠して行われる法律行為であっても、我が国の会社法上の分割に相当する法的効果を具備し、我が国の会社法上の分割に相当するものと認められる場合には、法人税法上の分割に該当するものとして取り扱って差し支えないものと考えられる。

ロ　認定事実

　　請求人提出資料、原処分関係資料並びに当審判所の調査及び審理の結果によれば、次の事実が認められる。

(イ)　本件事業分割前のM社の新規設立について

　　M社は、平成27年2月○日、米国のK州法に準拠し、H社の100％子会社として、H社のエンタープライズ事業を承継する目的で設立された法人である。また、その設立時にM社が発行した普通株式は1,000株であるところ、その全てをH社が引き受けている。

(ロ)　本件事業分割後のN社について

A　N社の平成28年10月期の「Form10-K」（我が国の有価証券報告書に相当するもの）には、要旨、次のとおり記載がある。

(A)　平成27年11月○日、H社のエンタープライズ事業を継承するM社の事業分割が完了し、当該事業分割に伴い、H社はN社に商号変更した。

(B)　平成27年11月○日、本件基準日（同年10月21日）にH社の株主であった者は、H社の普通株式1株に対し、M社の普通株式1株が交付され、この交付された普通株式の総数は約18億株であった。

(C)　本件事業分割後、N社はM社の普通株式を保有していない。

(D)　N社は、IRSから、本件事業分割が、税制適格の組織再編成である旨を認定した個別ルーリングを取得した。

B　N社の平成28年10月期の「Form10-K」に添付された平成27年10月31日付の連結貸借対照表及び平成28年10月31日付の連結貸借対照表には、エンタープライズ事業を構成しN社の非継続事業（discontinued operation）としてM社に移転する資産及び負債の流動項目・固定項目のそれぞれの合計額が区分

掲記されている。また、同様に添付された平成28年10月31日付の連結株主資本等変動計算書によると、本件事業分割により、Ｎ社の利益剰余金が37,225百万米国ドル（以下「米ドル」という。）減少しているものの、本件事業分割に係る資本剰余金の変動はない。

(ハ) 本件事業分割後のＭ社について

Ｍ社の平成28年10月期の「Form10-Ｋ」に添付されている連結株主資本等変動計算書には、本件事業分割によりＭ社が新たに発行した普通株式数は1,803,719千株、資本金組入額が18百万米ドル（額面価額は１株当たり0.01米ドル）、資本準備金組入額が37,296百万米ドルと記載されている。

(ニ) 米国における組織再編成とその課税に関する規定について

A　米国の法令には、我が国の会社分割法制のような権利義務の一般承継（包括承継）を特徴とする分割法制は存在しない。

B　米国歳入法第368条(a)(1)(D)は、ある法人の資産の全部又は一部の他の法人への譲渡で、当該資産の譲渡の直後に、資産取得法人が、その対価として同法人の株式その他の有価証券を資産譲渡法人に交付し、資産譲渡法人が資産取得法人を支配した上で、資産譲渡法人の株主に対し、当該株式その他の有価証券を、同法第355条に規定する税制適格取引として分配するものを組織再編成の一つとして規定している。

C　米国歳入法第355条は、法人（「分配法人（distributing corporation）」と定義される。）による当該法人が支配する法人（「被支配法人（controlled corporation）」と定義される。）の株式等の税制適格の現物分配について規定している。

D　本件事業分割においては、上記(ロ)のＡの(D)のとおり、Ｎ社はIRSから個別ルーリングを取得しており、米国歳入法第355条所定の税制適格要件を全て満たしたものと認められる。

(ホ) 請求人の本件株式の取得日等

A　請求人は、本件事業分割が実行された平成27年11月○日が日曜日であったことから、同月○日付で本件証券口座において本件株式（18,992株）を取得した。

B　平成27年11月○日のＬ証券取引所におけるＭ社の株式の１株当たりの価額

は○○○○米ドル、同日の１米ドル当たり対顧客直物電信相場の仲値は○○○○円であった。

ハ　検討

上記イの法令解釈及び上記ロの認定事実を前提に、本件株式の交付が、所得税法第24条第１項に規定する配当等に該当するか否かについて検討する。

(イ)　本件株式の交付は、剰余金の配当に該当するか否かについて

所得税法第24条第１項は、法人から受ける剰余金の配当を同項所定の「配当等」として掲げ、当該配当等に係る所得を配当所得という旨規定する（上記１の(2)のハの(イ)）。

本件事業分割は、上記１の(3)のロの(ハ)のとおり、米国歳入法第355条及び同法第368条(a)(1)(D)に適合する組織再編成であるところ、米国における組織再編成では、上記ロの(ニ)のB及びCのとおり、同法に定める税制適格要件に適合させることを前提に、ある法人が他の法人に資産を譲渡し、その対価として資産取得法人の株式等の交付を受け、両社の支配従属関係を成立させた上で、資産取得法人（被支配法人）の株式等が資産譲渡法人（分配法人）の株主に分配されるという類型の分割が一般的に行われている。

そして、本件事業分割では、上記１の(3)のロの(ロ)及び(ハ)のとおり、H社が、その有するエンタープライズ事業に係る資産及び負債をそれぞれM社に移転するとともに、その対価としてM社の株式の交付を受け、当該受領したM社の株式が、H社の株主に比例的に分配されたと認められるところ、H社によるM社の株式の交付に当たっては、上記ロの(ロ)のBのとおり、本件事業分割に伴いH社から商号変更したN社の連結株主資本等変動計算書上、利益剰余金のみが減少していることが認められる。

したがって、請求人に対する本件株式の交付は、H社の株主としての地位を有する者に対し、H社の利益剰余金を原資として行われたものということができるから、所得税法第24条第１項に規定する剰余金の配当に該当すると認められる。

(ロ)　本件事業分割が、法人税法第２条第12号の９に規定する分割型分割に該当するか否かについて

所得税法第24条第１項は、同項に規定する「法人（略）から受ける剰余金の

配当」のうち資本剰余金の額の減少に伴うもの及び法人税法第2条第12号の9に規定する分割型分割によるものを当該剰余金の配当から除くとしている。この点、本件株式の交付がH社から商号変更したN社の資本剰余金の額の減少に伴うものと認められないことは、上記ロの(ロ)のBのとおりである。そこで、本件株式の交付が、同号の9に規定する分割型分割によるものといえるか否か、具体的には、米国の法令に準拠して行われた本件事業分割を法人税法上の分割のうちの「分割型分割」に該当するものとして取り扱えるか否かについて検討する。

我が国の会社法上の分割では、分割の対象とされた分割会社の権利義務は、事業譲渡（会社法第467条《事業譲渡等の承認等》第1項参照）の場合のように個別に承継・移転されるのではなく、吸収分割契約又は新設分割計画により、承継会社又は新設会社に一括して承継されるという一般承継の法的効果が付与される（上記にいう「一般承継」とは、法令上、ある者が他の者の権利義務の全てを一体として受け継ぎ、法律上その権利義務に関して他の者と同じ地位に立つことをいい、「包括承継」ともいう。）。

他方、米国においては、上記ロの(ニ)のAのとおり、権利義務の一般承継を特徴とする会社分割制度は存在しない。すなわち、我が国の会社法上の分割が、上記のとおり、法的効果としての権利義務の一般承継をその本質的要素とするのに対し、本件事業分割はかかる要素を欠いており、この点において、本件事業分割は、我が国の会社法上の分割に相当する法的効果を具備するものとはいえないというべきである。そして、本件における全証拠等によっても、他に本件事業分割を我が国の会社法上の分割に相当するものと認めるべき特段の事情も認められない。そうすると、本件事業分割を法人税法上の分割に相当するものとして取り扱うことはできない。

したがって、本件事業分割は、法人税法第2条第12号の9に規定する分割型分割には当たらないというべきである。

(ハ)　小括

以上のとおり、請求人に対する本件株式の交付は、所得税法第24条第1項に規定する法人から受ける剰余金の配当のうち、資本剰余金の額の減少に伴うもの及び法人税法上の分割型分割によるもののいずれにも該当しないものとして、

同項所定の配当等に該当するものと認められる。

ニ　配当所得の金額について

上記ハの(イ)のとおり、請求人に対する本件株式の交付は、剰余金の配当と認められる。そして、本件事業分割日が日曜日に当たるため、L証券取引所の翌営業日である平成27年11月○日の本件株式の価額が、配当所得の金額となる。そこで、上記ロの(ホ)に従い、請求人が保有する本件株式（18,992株）に、同日のM社の1株当たりの株式の価額（○○○○米ドル）を乗じ、更に、本件株式の取得は外貨建取引に該当するため、その換算については、当該取引日である同日の対顧客直物電信相場の仲値（○○○○円）を乗じて算定すると、本件株式の取得に係る配当所得の金額は○○○○円となる。

なお、本件は外貨建取引であることから、所得税法第57条の3《外貨建取引の換算》第1項の趣旨に従い、対顧客直物電信相場の仲値により換算した金額によってこれを評価する。

ホ　請求人の主張について

(イ)　本件事業分割後の株価等について

請求人は、上記3の(2)の「請求人」欄のイ及びロのとおり、分割前のH社の株価は、分割後のM社の株式とN社の株式の株価の合計とほぼ同等であり、当該分割の前後において、全体としての株式の価値の増減は見られない旨、また、請求人は、H社がその子会社であったM社に投資をしたことで、M社からその投資対価としてM社の株式が分配されたものであるから、H社の株主がM社に投資したことになるため、剰余金の配当ではない旨主張する。

しかしながら、請求人が本件事業分割により交付を受けた本件株式は、上記ハの(イ)のとおり、H社の株主としての地位に基づき、その利益剰余金を原資として交付されたものと認められ、本件株式の交付を受けたことで請求人が剰余金の配当を得たことは明らかである。

したがって、請求人の主張には理由がない。

(ロ)　米国における課税上の取扱いについて

また、請求人は、上記3の(2)の「請求人」欄のハのとおり、本件事業分割が米国において非課税の取扱いとなっていることから、請求人に本件株式の交付による実質的な利益は生じていないと主張する。

しかしながら、我が国と米国とは別個の租税管轄権に属し、それぞれ独立した法体系を形成することから、一方の国における課税上の取扱いが、他方の国の課税上の取扱いに影響を及ぼすことはない。

したがって、請求人の主張には理由がない。

(ハ) 適格株式分配の該当性について

さらに、請求人は、上記3の(2)の「請求人」欄のニのとおり、本件株式の交付は、H社からM社が独立して事業を行うための株式分配であるから、平成29年の税制改正において新たに導入された適格株式分配に該当するものであり、同改正後の規定は従来から非課税とされていた分割型分割による株式の交付との公平の点や、企業再編に税法が合わせたもので改正法の立法事実は変わらない点から、本件株式の交付も改正所得税法の趣旨に照らして解釈すべきと主張する。

しかしながら、請求人の主張する改正所得税法第24条第1項及び同法第25条第1項の各規定は、当該改正所得税法の附則により、平成29年4月1日以後に行われる株式分配について適用されるため、同日前にされた本件株式の交付に上記改正所得税法の各規定は適用されない。

平成29年度税制改正では、分割法人が行っていた事業の一部を、分割型分割により新たに設立する分割承継法人が独立して行うための分割が適格分割とされるとともに、これと同様の効果があると考えられる親法人がその株主等に対して行う子法人株式の全部の分配について、株式分配として組織再編税制の対象とされたことから、この改正の一環として、所得税法上の配当所得の規定についての所要の見直しが行われたものである。したがって、従来から非課税として明記されるべき類型であったという上記請求人の主張は、請求人独自の見解というべきものであり、採用できない。

(3) 争点3（本件確定申告が過少申告であることについて、通則法第65条第4項に規定する「正当な理由」があるか否か。）について

イ 法令解釈

「過少申告加算税は、過少申告による納税義務違反の事実があれば、原則としてその違反者に対して課されるものであり、これによって、当初から適正に申告し納税した納税者との間の客観的不公平の実質的な是正を図るとともに、過少申

告による納税義務違反の発生を防止し、適正な申告納税の実現を図り、もって納税の実を挙げようとする行政上の措置である。この趣旨に照らせば、過少申告があっても例外的に過少申告加算税が課されない場合として通則法第65条第4項が定めた『正当な理由があると認められる』場合とは、真に納税者の責めに帰することのできない客観的な事情があり、上記のような過少申告加算税の趣旨に照らしてもなお納税者に過少申告加算税を賦課することが不当又は酷になる場合をいうものと解するのが相当である」（最高裁平成18年10月24日第三小法廷判決・民集60巻8号3128頁参照）。

ロ　請求人の主張について

　(イ)　請求人は、税務行政を専門とする本件調査担当職員にとっても本件に対する課税関係を認定することが困難であったといえるから、請求人が本件株式の交付について申告しなかったことに納税者の責めに帰することができない客観的な事情が存する旨主張する。

　　　しかしながら、所得税法は、いわゆる申告納税制度を採用し、納税者自らが課税標準及び税額を算出し、これを申告して第一次的に納付すべき税額を確定させるという体系になっており、申告納税制度の下における所得税等の確定申告は、納税者自身の判断と責任においてなされるべきものであるから、請求人が本件証券口座で取得した本件株式について所得として認識しなかったとしても、そのことは、請求人の主観的事情といわざるを得ず、真に納税者の責めに帰することができない客観的な事情が存するとはいえない。

　(ロ)　また、請求人は、請求人以外にM社の株式の交付について配当所得に該当しないとして確定申告し、それが是認された者が多数存するのであれば、請求人に対し本件賦課決定処分を行うことは不当又は酷である旨、更に、本件調査が長期間にわたっており、請求人に不要な経済的、精神的負担を強いたことは不当である旨主張する。

　　　しかしながら、M社の株式の交付に関し、仮に法の適用を免れる者があったとしても、そのことを理由に本件更正処分等が違法となるものではないし、また、本件確定申告の後に行われた本件調査に関する事情は、本件確定申告が過少となったことの事情には当たらない。したがって、請求人の主張する上記の事情は、いずれも真に納税者の責めに帰することができない客観的な事情とは

いえない。

　　ハ　小括

　　　　以上によれば、本件確定申告が過少申告であることについて、通則法第65条第
　　　　4項に規定する「正当な理由」があるとは認められない。

(4)　本件更正処分の適法性について

　　　上記(1)及び(2)のとおり、本件更正処分等に係る処分理由の記載に不備はなく、ま
　　　た、本件株式の交付は所得税法第24条第1項に規定する配当等に該当するものと認
　　　められ、上記(2)のニのとおり、本件株式の取得に係る配当所得の金額は〇〇〇〇円
　　　となる。そして、当審判所に提出された証拠資料等に基づき、請求人の平成27年分
　　　の総所得金額及び所得税等の納付すべき税額を計算すると、別表2のとおりとなり、
　　　本件更正処分の額をいずれも上回る。

　　　　また、本件更正処分のその他の部分については、請求人は争わず、当審判所に提
　　　出された証拠資料等によっても、本件更正処分を取り消すべき事由は見当たらない。

　　　　したがって、本件更正処分は適法である。

(5)　本件賦課決定処分の適法性について

　　　上記(4)のとおり、本件更正処分は適法であるところ、上記(3)のとおり、本件更正
　　　処分により請求人の納付すべき税額の計算の基礎となった事実が本件更正処分前の
　　　税額の計算の基礎とされていなかったことについて、通則法第65条第4項に規定す
　　　る「正当な理由」があるとは認められない。そして、当審判所においても、平成27
　　　年分の所得税等に係る過少申告加算税の額は、本件賦課決定処分における過少申告
　　　加算税の額と同額であると認められる。

　　　　また、本件賦課決定処分のその他の部分については、請求人は争わず、当審判所
　　　に提出された証拠資料等によっても、これを不相当とする理由は認められない。

　　　　したがって、本件賦課決定処分は適法である。

(6)　結論

　　　よって、審査請求は理由がないから、これを棄却することとする。

別表 1　審査請求に至る経緯（省略）

別表 2　審判所認定額（省略）

別紙　本件通知書に記載された処分の理由の要旨（省略）

事例3 （不動産所得　必要経費　その他）

> 　請求人らが賃貸の用に供していた土地の上に存する当該土地の賃借人所有の建物収去のための請求人らの支出は、客観的にみて、請求人らの不動産所得を生ずべき業務と直接関係し、かつ、業務の遂行上必要なものであったといえるから、不動産所得の金額の計算上必要経費に算入することができるとした事例（平成28年分所得税及び復興特別所得税の各更正処分並びに過少申告加算税の各賦課決定処分・全部取消し・令和元年9月20日裁決）
>
> 《ポイント》
> 　本事例は、賃貸の用に供していた土地の上に存する当該土地の賃借人所有の建物収去のための請求人らの支出について、不動産所得の金額の計算上必要経費に算入できると判断したものである。

《要旨》

　原処分庁は、請求人らが賃貸していた土地（本件土地）は、賃貸借契約により請求人らの事業の用に供されていない資産であるから、本件土地の上に存する本件土地賃借人所有の各建物（本件各建物）を収去するため請求人らが支出した費用（本件各建物収去費）は、所得税法第45条《家事関連費等の必要経費不算入等》第1項の家事上の経費に該当し、不動産所得の金額の計算上必要経費に算入できない旨主張する。

　しかしながら、請求人らは、一連の法的手続を執ることにより賃料を支払わない賃借人から本件土地の明渡しを受け、それと並行して新たな賃借人への貸付けに取り掛かり、また、この間、本件土地を賃貸業務以外の用途に転用したことをうかがわせる事情も認められないことからすれば、本件土地の貸付けに係る業務は、賃貸借契約終了後、本件各建物の収去に至るまで継続していたものと認められる。加えて、請求人らは、本件土地から収益を得る業務を遂行するには、本件各建物を収去する必要があり、その費用について自らが負担することを想定して上記法的手続を遂行し、本件各建物収去費を支出したところ、実際にも、賃借人は無資力であり、当該支出の時点において、請求又は事後的に求償しても、およそ回収が見込めない状況にあったのであり、客観的にみても、本件各建物収去費は、請求人らにおいて、自ら負担するほかなかったものと認められる。

そうすると、本件各建物収去費の支出は、客観的にみて、請求人らの不動産所得を生ずべき業務と直接関係し、かつ、業務の遂行上必要なものであったといえるから、不動産所得の金額の計算上必要経費に算入することができる。

《参照条文等》

　所得税法第37条

（令和元年9月20日裁決）

《裁決書（抄）》

1 事　実

(1) 事案の概要

　　本件は、不動産貸付業を営む審査請求人J1（以下「請求人J1」という。）及びその母である同J2（以下「請求人J2」といい、請求人J1と併せて「請求人ら」という。）が、その賃貸していた土地上に存する当該土地の賃借人所有の建物収去に要した費用について、いずれも不動産所得の金額の計算上必要経費に算入して所得税等の確定申告をしたところ、原処分庁が、当該費用は家事上の経費に該当し、必要経費に算入することができないとして所得税等の更正処分等を行ったのに対し、請求人らが、原処分の全部の取消しを求めた事案である。

(2) 関係法令

　　所得税法第37条《必要経費》第1項は、その年分の不動産所得の金額の計算上必要経費に算入すべき金額は、別段の定めがあるものを除き、これらの所得の総収入金額に係る売上原価その他当該総収入金額を得るため直接に要した費用の額及びその年における販売費、一般管理費その他これらの所得を生ずべき業務について生じた費用（償却費以外の費用でその年において債務の確定しないものを除く。）の額とする旨規定している。

(3) 基礎事実

　　当審判所の調査及び審理の結果によれば、次の事実が認められる。

　イ　請求人らは、不動産貸付業を営む個人事業者である。

　ロ　請求人らは、L（平成24年10月○日死亡。以下「亡L」という。）に対し、請求人らが共有するa市b町一丁目○－○の土地（地積943.84㎡）の一部（後記ニの（ヘ）の和解調書によれば約684.04㎡。以下「本件土地」という。）を、月額378,500円で賃貸していた（以下、同賃貸に係る賃貸借契約を「本件土地賃貸借契約」という。）。

　　　なお、本件土地の共有持分は、請求人J1が3分の2、請求人J2が3分の1である。

　ハ　亡Lは、本件土地上に、別表1の順号1ないし4（順号4の建物については未登記）の各建物（以下「本件各建物」という。）を所有し、その一部を5名の賃

— 46 —

借人（以下、併せて「本件各建物賃借人ら」という。）に対し、それぞれ賃貸していた。

二　本件各建物の収去に至る経緯は、以下のとおりである。

　　なお、以下の申立て等の手続につき、それぞれ単独名義で行ったものについても、請求人らが合意して行ったものである。

　(イ)　亡Lは、平成24年10月○日に死亡し、その法定相続人は、全員、亡Lの相続財産について相続放棄をした。

　(ロ)　請求人J1は、平成25年8月5日付で、M家庭裁判所に対し、亡Lの相続財産（以下「本件相続財産法人」という。）について、相続財産管理人の選任審判を申し立て、M家庭裁判所は、同年9月17日、亡Lの相続財産管理人（以下「本件相続財産管理人」という。）として、N弁護士を選任した。

　(ハ)　請求人らは、本件相続財産管理人に対し、平成25年10月4日付の書面をもって、平成24年11月分から平成25年9月分までの本件土地賃貸借契約に基づく未払賃料4,163,500円（378,500円×11か月）を同書面到達の日から1週間以内に支払うよう催告するとともに、同期限内に支払がない場合は、同期限を停止期限として本件土地賃貸借契約を解除する旨の意思表示をし、同書面は、同年10月5日、本件相続財産管理人に到達した。

　(ニ)　本件相続財産管理人が上記(ハ)の未払賃料を支払わなかったため、平成25年10月12日の経過をもって、本件土地賃貸借契約は終了した。

　(ホ)　請求人J2は、平成26年9月16日、本件相続財産法人に対し、本件各建物を収去して本件土地を明け渡すこと及び平成24年11月30日から本件土地明渡し済みまで1か月当たり378,500円の割合による賃料及び賃料相当損害金を支払うことを求めるとともに、本件各建物賃借人らに対し、本件各建物のそれぞれの占有部分を退去して本件土地を明け渡すことを求めて、P地方裁判所に提訴した（以下「本件訴訟」という。）。

　(ヘ)　本件訴訟の平成27年4月24日の第3回弁論準備手続期日において、請求人J2、本件相続財産法人（法定代理人本件相続財産管理人）及び本件各建物賃借人らのうち上記期日までに退去しなかったQとR（以下、両名を併せて「占有者ら」という。）との間で、和解（以下「本件和解」といい、本件和解に係る調書の正本を「本件和解調書」という。）が成立した。本件和解の条項は、要

旨次のとおりである。

A　請求人Ｊ２と本件相続財産法人は、本件土地賃貸借契約は、平成25年10月12日、本件相続財産法人の債務不履行による解除により終了したことを相互に確認する。

B　請求人Ｊ２は、本件相続財産法人の無資力に鑑み、本件相続財産法人に対し、本件土地の明渡しを平成27年5月末日まで猶予する。

C　本件相続財産法人は、請求人Ｊ２に対し、平成27年5月末日限り、本件土地を、本件各建物を収去して明け渡す。

D　本件相続財産法人は、請求人Ｊ２に対し、本件土地についての平成24年11月分から平成25年10月分までの12か月分の未払賃料3,982,416円及び平成25年10月分から平成27年5月分までの20か月分の未払賃料ないし賃料相当損害金7,423,484円の合計11,405,900円の支払義務があることを認める。

E　本件相続財産法人と占有者らは、本件相続財産法人と本件各建物に係るそれぞれの賃貸借契約が平成27年3月31日合意解除により終了したことを相互に確認し、本件相続財産法人は、占有者らに対し、本件各建物のそれぞれの占有部分の明渡しをいずれも同年5月末日まで猶予し、占有者らは、本件各建物のそれぞれの占有部分をいずれも同日限り明け渡す。

F　Ｑと本件相続財産法人は、Ｑが上記Ｅの期日限りに明け渡したとき、Ｑの本件相続財産法人に対する平成24年12月分から平成27年5月分までの未払賃料ないし賃料相当損害金債務合計2,250,000円と本件相続財産法人のＱに対する解決金債務2,250,000円とを対当額で相殺することに合意する。

　　Ｒと本件相続財産法人は、Ｒが上記Ｅの期日限りに明け渡したとき、Ｒの本件相続財産法人に対する平成24年12月分から平成27年5月分までの未払賃料ないし賃料相当損害金債務合計1,479,000円と本件相続財産法人のＲに対する解決金債務1,479,000円とを対当額で相殺することに合意する。

G　請求人Ｊ２、本件相続財産法人及び占有者らは、各当事者間には、本件和解の条項に定めるほか、何らの債権債務のないことを相互に確認する。

H　請求人Ｊ２は、本件相続財産法人及び占有者らに対するその余の請求を放棄する。

(ト)　請求人Ｊ２は、本件相続財産管理人が上記(ヘ)のＣの期限である平成27年5月

末日を経過しても本件各建物を収去しなかったため、同年7月9日、P地方裁判所に対し、本件和解調書に基づき、本件各建物の収去について、民事執行法第171条《代替執行》第1項第1号の決定（授権決定）を申し立てた。P地方裁判所は、同年12月2日、当該申立てを相当と認め、債権者（請求人J2）の申立てを受けた執行官は、本件土地上にある本件各建物を債務者（本件相続財産法人）の費用で収去することができる旨の授権決定をした。なお、請求人J2は、上記申立ての際、同条第4項の決定（費用前払決定）の申立てはしなかった。

(チ) 請求人J2は、平成27年12月28日、P地方裁判所の執行官に対し、本件和解調書及び上記(ト)の授権決定に基づき、本件相続財産法人を債務者として、本件各建物内の動産に対する動産執行のほか、本件各建物の収去の代替執行及び本件土地の明渡しの強制執行を申し立てた。上記申立てを受けた執行官は、建物収去の代替執行の執行補助者としてS社の下請業者を選任の上、平成28年3月4日に本件各建物を取り壊し、同月11日、本件各建物の収去及び本件土地の明渡しの各執行を完了した。なお、上記動産執行については、本件相続財産法人の占有する動産は換価の見込みがないとして、執行不能により終了した。

(リ) 請求人らは、平成28年3月28日、上記(チ)の本件各建物の収去に係る費用として、○○○○円を、S社名義の普通預金口座に振込む方法により支払い、振込手数料864円を負担した（以下、上記収去に係る費用と振込手数料の合計○○○○円を「本件各建物収去費」という。）。

ホ 請求人らは、平成28年1月31日、T社との間で、本件土地につき、駐車場用地として月額179,280円で賃貸する旨の賃貸借契約（以下「本件駐車場賃貸借契約」という。）を締結し、T社は、同契約に基づき、同年3月29日から本件土地（同契約に係る契約書によれば約598㎡）の使用を開始した。

(4) 審査請求に至る経緯

イ 請求人らの確定申告等の状況については、以下のとおりであった。

(イ) 請求人らは、平成24年分の所得税及び平成25年分から平成27年分までの所得税及び復興特別所得税（以下、両税を併せて「所得税等」という。）について、上記(3)のニの(ヘ)のDの本件土地の未収賃料及び賃料相当損害金をそれぞれ不動産所得の金額の計算上収入金額に算入して申告した。

㈥　請求人らは、平成28年分の所得税等について、別表2の「確定申告」欄のとおり記載した確定申告書を法定申告期限内にそれぞれ提出した。

その具体的な申告内容は、次のとおりである。

A　上記(3)のホのT社に対する本件駐車場賃貸借契約に基づく賃料1,630,870円について、請求人J1は1,087,247円を、請求人J2は543,623円を、それぞれ不動産所得の金額の計算上収入金額に算入した。

B　上記(3)のニの(リ)の本件各建物収去費○○○○円について、請求人J1は○○○○円を、請求人J2は○○○○円を、それぞれ不動産所得の金額の計算上必要経費に算入した。

C　上記(3)のニの(ヘ)のDの本件土地の未収賃料及び賃料相当損害金の合計11,405,900円について、貸倒損失として、請求人J1は7,153,867円を、請求人J2は4,252,033円を、それぞれ不動産所得の金額の計算上必要経費に算入した。

ロ　原処分庁は、原処分庁所属の職員の調査に基づき、平成30年7月31日付で、請求人らが平成28年分の不動産所得の金額の計算上必要経費に算入していた本件各建物収去費（上記イの㈥のB）のそれぞれの金額について、いずれも家事上の経費に該当し、必要経費に算入できないとして、別表2の「更正処分等」欄のとおり、平成28年分の所得税等の各更正処分（以下「本件各更正処分」という。）及び過少申告加算税の各賦課決定処分（以下「本件各賦課決定処分」という。）を行った。

ハ　請求人らは、平成30年10月3日、いずれも、原処分の全部に不服があるとして審査請求をした。なお、請求人らは、別紙のとおり、請求人J1を総代として選任している。

2　争　点

本件各建物収去費は、請求人らの不動産所得の金額の計算上必要経費に算入できるか。

3　争点についての主張

原処分庁	請求人ら
本件各建物収去費は、次の理由から、不	本件各建物収去費は、次の理由から、不

動産所得の金額の計算上必要経費に算入できない。

　本件土地は、本件土地賃貸借契約が終了した平成25年10月12日以後、請求人らの不動産所得を生ずべき事業の用に供されていない資産である。

　本件各建物も、取り壊されるまで、その所有者は本件相続財産法人であり、請求人らが所有したり貸し付けたりしたことはないから、請求人らの不動産所得を生ずべき事業の用に供されていない資産である。そして、その解体は、P地方裁判所が、本件和解に基づく請求人らの申立てを相当として、本件各建物を本件相続財産法人の費用で収去することができる旨の決定をしたことにより強制執行されたものであり、請求人らが本件各建物収去費を支払ったのは、本件相続財産法人が負担すべき収去費用を立て替えたものにすぎない。

　したがって、本件各建物収去費は、本件各建物の解体後の新たな本件土地の利用目的にかかわらず、請求人らの不動産所得を生ずべき事業の用に供されていない土地の上に存する、このような事業の用に供されていない他人の建物を任意に処分するのに要した費用というべきであるから、所得税法第45条《家事関連費の必要経費の不算入等》第1項の家事上の経費に該当する。

動産所得の金額の計算上必要経費に算入できる。

(1)　土地の貸付業務は、賃借人へ更地を貸し付け、賃借人が建築した建物を解体して更地として返還を受けるまでが一連の流れであるから、本件土地の返還を受けるまでは、本件賃貸借契約の終了にかかわらず、本件土地の貸付けという業務は継続している。そして、請求人らが平成25年10月12日以後の本件土地に係る賃料相当損害金について、それぞれ不動産所得の金額の計算上収入に計上しており、同日以後、本件土地を家事用資産として転用した事実がない以上、収入計上の源泉である本件土地は、本件各建物の取壊し時においても、事業用資産である。

　また、請求人らは、賃借人である本件相続財産法人に資力がなく、本件各建物を収去して本件土地を更地にして返還しなかったため、本件訴訟を提起して強制執行により本件各建物を収去し、本件各建物収去費の支出を余儀なくされたこと、本件各建物の解体後、速やかにT社に駐車場用地として賃貸したことからしても、本件各建物収去費は、本件賃貸借契約の残務処理として、土地の維持・管理のために要した費用であり、本件土地の貸付けによる業務と直接関連性を有し、業務の遂行上必要な支出というべき

であるから、必要経費に該当する。

(2) 本件各建物収去費は、上記(1)のとおり、本件相続財産法人が、その資力不足により、賃貸借契約終了に伴う原状回復義務を履行しなかったために、請求人らが支出せざるを得なくなったものであることからすると、請求人らは、本件相続財産法人の負担すべき費用を単に立て替えたものではなく、本件相続財産法人に対して債務不履行に基づく損害賠償請求権を有していたといえるのであって、本件相続財産法人が無資力である以上、請求人らは、当該損害賠償請求権を貸倒れ処理することができるものである。

このことからも、本件各建物収去費は請求人らの必要経費に算入されるべきものである。

4 当審判所の判断

(1) 法令解釈

不動産所得の金額の計算上必要経費に算入すべき「販売費、一般管理費その他これらの所得を生ずべき業務について生じた費用」（所得税法第37条第1項）に該当するためには、これと必要経費に算入されない家事上の経費（同法第45条第1項第1号）との区分が明確となる必要があることなどからすると、客観的にみて、当該支出が不動産所得を生ずべき業務と直接関係し、かつ、業務の遂行上必要であることを要すると解するのが相当である。

そしてその判断は、単に当該業務を行うものの主観的判断によるのではなく、当該業務の内容等個別具体的な諸事情に即して社会通念に従って客観的に行われるべきである。

(2) 認定事実

請求人提出資料、原処分関係資料並びに当審判所の調査及び審理の結果によれば、以下の事実が認められる。

イ　請求人Ｊ１は、上記１の(3)のニの(ロ)のとおり、平成25年８月５日付で、Ｍ家庭裁判所に相続財産管理人の選任審判を申し立て、申立てに伴う予納金1,003,670円を納めた。

ロ　本件相続財産法人には、本件相続財産管理人の管理開始時点で、積極財産として、上記イの請求人Ｊ１の予納金からの組み入れ金のほかは、亡Ｌの預金14,617円、本件各建物及び本件各建物賃借人らに対する賃料債権（なお、遅くとも平成24年12月以降未収である。）しかなかった。他方、債務として、請求人らに対する本件土地の未払賃料債務が約400万円あった。

　　なお、上記の本件各建物賃借人らから得られる１か月当たりの賃料は、全員分を合計しても、本件土地の１か月当たりの賃料に満たず、亡Ｌは、生前、本件各建物賃借人らから受領した賃料に自己の年金収入を加えて、本件土地の賃料を支払っていた。

ハ　本件相続財産管理人は、選任後、本件各建物賃借人らが高齢であったことなどから、本件各建物からの任意退去の折衝を重ねる一方、本件各建物賃借人らの一人から未払賃料のうち50万円を回収し、その余の未払賃料については、家庭裁判所の許可を受けて、本件各建物賃借人に対する返還敷金や立退料等と相殺するなどした。なお、本件各建物賃借人らのうち３名は、本件訴訟係属中に本件各建物から任意に退去し、その余の２名（占有者ら）は、本件和解に基づき、平成27年５月末日までに、任意に退去した。

ニ　本件相続財産管理人は、平成28年３月28日付で、亡Ｌの相続債権者である請求人ら及びａ市○○部○○課に対し、要旨以下の内容が記載された連絡文書を送付したところ、請求人ら及び同市から特段の連絡はなかった。

　(イ)　本件相続財産法人は債務超過であり、今後、格別の相続財産が発見される見込みがないこと。

　(ロ)　破産手続開始の申立ての費用が支弁できないため、同申立てを行うことなく管理業務を終了したいこと。

　(ハ)　本件相続財産法人に対する破産手続開始の申立てを行う意向があれば、同年４月８日までにその旨の連絡が欲しいということ。

ホ　本件相続財産管理人は、平成28年4月11日、管理すべき相続財産がなくなった
　　として財産管理業務を終了させ、同月13日、その旨をM家庭裁判所に報告した。
　　その財産管理業務の開始から終了までの本件相続財産法人の収支状況は、以下の
　　とおりであった。
　　㈑　支出金員1,433,111円の内訳
　　　　A　平成25年12月12日の官報掲載費用37,102円
　　　　B　平成28年4月11日の相続財産管理人報酬1,343,467円
　　　　C　平成28年4月11日の相続財産管理費用（立替分）52,540円
　　　　D　平成28年4月11日の相続財産管理費用2円
　　㈔　受領金員1,433,111円の内訳
　　　　A　平成25年10月9日の予納金からの組み入れ200,000円
　　　　B　平成25年10月17日の亡Lの解約預金からの送金14,617円
　　　　C　平成26年11月4日のVの未払賃料の入金額500,000円
　　　　D　平成28年4月11日の予納金からの相続財産管理人報酬718,320円
　　　　E　受取利息等174円
ヘ　M家庭裁判所は、平成28年5月9日、本件相続財産管理人の選任審判を取り消
　　した。
ト　請求人らは、本件各建物の解体費用について、本件和解前の平成27年2月にX
　　社から、和解後の同年6月にS社から、それぞれ見積りを入手した。
チ　請求人らは、本件各建物収去費について、本件相続財産法人に対する代替執行
　　費用前払決定の申立てだけでなく、執行費用額確定処分の申立て（民事執行法第
　　42条《執行費用の負担》第4項）も行っておらず、その他にも本件相続財産法人
　　に対する具体的な回収手続を講じていない。
(3)　当てはめ
　イ　請求人らの本件土地の貸付けに係る業務について
　　㈑　本件土地の明渡しに至る経緯
　　　　　請求人らは、本件土地の賃借人である亡Lの死亡後、本件相続財産管理人の
　　　　選任審判を申し立てた上、本件土地賃貸借契約を賃料不払いを理由に解除し、
　　　　平成25年10月12日の経過をもって終了させた（上記1の(3)のニの㈔、㈕及び㈖）
　　　　ものの、本件各建物賃借人らが本件各建物から任意に退去せず、本件相続財産

法人が本件各建物を所有して本件土地を占有し続けたため、平成26年9月16日、本件相続財産法人に対して賃料及び賃料相当損害金の支払並びに本件各建物の収去及び本件土地の明渡しを求めるとともに、本件各建物賃借人らに対して本件各建物のそれぞれの占有部分の明渡しを求めて本件訴訟を提起した（同㋭）。そして、本件和解において、本件各建物賃借人らのうち本件訴訟係属中に退去しなかった占有者らが、平成27年5月末日限り、本件各建物を明け渡すことを約束し、本件相続財産法人も、同日限り本件各建物を収去して本件土地を明け渡すとし（同㋬のＣ）、これにより、占有者らが同日までに本件各建物を退去したことを受けて、請求人らは、同年7月9日、Ｐ地方裁判所に対し、本件和解調書に基づき、本件各建物の収去の授権決定を申し立て、同年12月2日付の授権決定及び本件和解調書に基づき、Ｐ地方裁判所の執行官に対し、本件各建物の収去の代替執行及び本件土地の明渡執行を申し立て、同執行官が本件各建物を収去し、平成28年3月11日、本件土地の明渡しが完了したものである（同㋣及び㋠）。

㋺　本件土地の新規貸付けの状況

　　請求人らは、上記1の(3)のホのとおり、本件土地の明渡しが完了する以前に本件駐車場賃貸借契約を締結し、本件土地の明渡しの完了後速やかに本件土地をＴ社に使用収益をさせた。

㋩　小括

　　不動産の貸付業務は、基本的には、当該不動産を貸し付けてからその返還を受けるまでが一連の業務というべきところ、以上の経緯等からすれば、請求人らは、亡Ｌに賃貸していた本件土地につき、亡Ｌの死亡後に賃料が支払われないために本件相続財産法人から返還を受け、新たな賃借人に対する賃貸業務を行うべく、本件相続財産管理人の選任審判を申し立てた上、本件土地賃貸借契約の解除、本件訴訟の提起並びに本件各建物の収去及び本件土地の明渡執行という一連の法的手続を執り、かかる明渡しまでの手続と並行して、新たな賃借人への貸付けに取り掛かっているとみられる一方で、本件全証拠によっても、この間、請求人らが本件土地を賃貸業務以外の用途に転用したことをうかがわせる事情も認められないことからすれば、請求人らの本件土地の貸付けに係る業務、すなわち、不動産所得を生ずべき業務は、本件土地賃貸借契約の解除後

本件各建物の収去に至るまで継続していたものと認められる。

ロ　本件各建物収去費の業務関連性及び必要性について

上記イのとおり、請求人らの不動産所得を生ずべき業務は、本件土地賃貸借契約の解除後本件各建物の収去に至るまでも継続しており、本件各建物収去費は、かかる一連の業務の中で支出されたものであるところ、以下、当該支出が請求人らの業務に直接関係し、かつ、業務の遂行上必要なものであるか否かについて検討する。

(イ)　本件各建物の収去義務を負う本件相続財産法人が、上記イの(イ)のとおり、当該収去義務を自ら履行しなかったため、請求人らは、自らが本件土地上に存する本件各建物を収去しなければ、本件土地を新たに貸し付け、本件土地から収益を得ることができない状況にあったものといえる。

(ロ)　また、上記(2)のロ及びハのとおり、本件相続財産法人には、本件相続財産管理人の管理開始時点から、本件各建物以外にめぼしい資産がなく、債務超過の状態にあり、本件各建物賃借人らから得られる賃料についても、滞納額が嵩んでいた上、その賃料月額の合計も本件土地の賃料月額を下回る状況にあり、しかも、本件相続財産管理人においても、本件各建物賃借人らの一人から50万円を回収できたにとどまったものである。その上で、本件相続財産管理人は、平成28年3月28日付で、本件相続財産法人は債務超過であり破産手続開始の申立費用すら支弁できない状況であることを請求人らに通知し（上記(2)のニ）、同日、請求人らは、本件各建物収去費を支払ったものである（上記1の(3)のニの(リ)）。そして、上記(2)のニ、ホ及びヘによれば、本件相続財産管理人の報酬も、上記50万円を含む本件相続財産法人の財産からは全額は支弁できず、請求人らが支出した予納金からも支払われ、本件各建物収去及び当該報酬の支払により本件相続財産管理人の管理する積極財産がなくなったため、本件相続財産管理人の選任審判が取り消されたものと認められる。なお、本件各建物の収去執行と同時に行われた本件相続財産法人に対する動産執行も、執行不能で終了した（上記1の(3)のニの(チ)）。

これらのことからすれば、本件相続財産法人は、一貫して資力がなく、請求人が本件各建物収去費を支出した時点において、その収去費用を支弁することが不可能であり、かつ、その後に資力を有する見込みもなかったと認められる。

(ハ)　加えて、請求人らは、①自ら申立て費用を負担した上で本件相続財産管理人
　　　選任審判の申立てを行い（上記(2)のイ）、②本件和解に至る前後において本件
　　　各建物の解体費用の見積りを入手し（同ト）、③本件各建物収去費について、
　　　本件相続財産法人から具体的に回収する手段を講じていない（同チ）ことから
　　　すると、請求人は、本件相続財産管理人の選任審判を申し立てた当初から、本
　　　件相続財産法人が無資力であり、自ら費用を負担して本件各建物を収去するこ
　　　とを想定し、その想定どおり、本件各建物収去費を支出したものと認められる。

　　(ニ)　上記(イ)、(ロ)及び(ハ)のとおり、請求人らは、本件土地から収益を得る業務を遂
　　　行するためには、本件各建物を収去する必要があり、その収去に係る費用につ
　　　いては、当初から自らが負担することを想定して本件各建物の収去までの手続
　　　を遂行し、本件各建物収去費を支出したところ、実際にも、本件相続財産法人
　　　は無資力であり、当該支出の時点において、請求又は事後的に求償しても、お
　　　よそ回収が見込めない状況にあったのであり、客観的にみても、本件各建物収
　　　去費は、請求人らにおいて、自ら負担するほかなかったものと認められる。

　　　　そうすると、本件各建物収去費の支出は、客観的にみて、請求人らの不動産
　　　所得を生ずべき業務と直接関係し、かつ、業務の遂行上必要なものであったと
　　　いえる。

　ハ　小括

　　　　以上のとおり、本件各建物収去費は、請求人らの、不動産所得の金額の計算上
　　　必要経費に算入することができる。

(4)　原処分庁の主張について

　イ　原処分庁は、本件土地賃貸借契約が終了した平成25年10月12日以後、本件土地
　　は、請求人らの事業の用に供されていない資産であるから、不動産所得の金額の
　　計算上必要経費に算入できない旨主張する。

　　　しかしながら、不動産の返還を受けるまでが不動産の貸付業務の一連の業務と
　　いうべきであることは上記(3)のイの(ハ)のとおりである上、賃料債権は本件土地賃
　　貸借契約の終了以降は発生しないものの、本件相続財産法人が本件土地の占有権
　　原を失うことに伴い、請求人らは、本件相続財産法人に対して賃料相当損害金と
　　して損害賠償請求権を取得することになるところ、同請求権は賃料債権が転化し
　　たものと評価でき、所得税法施行令第94条《事業所得の収入金額とされる保険金

等》第1項第2号において不動産所得に係る収入金額に代わる性質を有するものはその収入金額とする旨規定されていることに鑑みれば、本件土地賃貸借契約の終了をもって請求人らの本件土地の貸付けという不動産所得を生ずべき業務が終了したとはいえず、本件土地は、本件土地賃貸借契約終了後も請求人らの事業の用に供されていたものというべきであるから、原処分庁の上記主張は理由がない。

なお、請求人らは、本件土地賃貸借契約終了後の賃料相当損害金を不動産所得の金額の計算上収入金額として計上している（上記1の(4)のイの(イ)）。

ロ　原処分庁は、本件各建物の所有者は本件相続財産法人であり、請求人らが本件各建物を所有したり貸し付けたりしたことはないから、請求人らの不動産所得を生ずべき事業の用に供されていない資産であり、本件各建物収去費は、不動産所得の金額の計算上必要経費に算入できない旨主張する。

しかしながら、本件各建物収去費が請求人らの本件土地の貸付けという業務と直接関係し、かつ、業務の遂行上必要なものであることは上記(3)のとおりであって、本件各建物の所有者が請求人らではないことが直ちに業務関連性及び必要性を否定するものではないから、原処分庁の上記主張は採用できない。

ハ　原処分庁は、請求人らが本件各建物収去費を支払ったのは、本件相続財産法人が負担すべき収去費用を立て替えたものにすぎないから、不動産所得の金額の計算上必要経費に算入できない旨主張する。

しかしながら、本件各建物収去費を法的に負担すべきであるのが本件相続財産法人であるとしても、請求人らがこれを支出した時点で、請求人らは本件相続財産法人にその求償を予定しておらず、また、求償して回収することも客観的に不可能であったと認められることなど上記(3)のロで検討したところからすれば、他に法的に費用負担すべき者がいるからといって直ちに業務関連性及び必要性を否定することにはならないというべきであるから、原処分庁の上記主張も採用できない。

(5)　本件各更正処分の適法性について

上記(3)のハのとおり、本件各建物収去費は、請求人らの平成28年分の不動産所得の金額の計算上必要経費に算入されるべきものであるから、これに基づき算出した請求人らの平成28年分の総所得金額及び納付すべき税額は、別表2の「確定申告」欄の各「総所得金額」欄及び各「納付すべき税額」欄のとおりとなる。

したがって、本件各更正処分は違法であり、いずれもその全部を取り消すべきである。

(6) 本件各賦課決定処分の適法性について

上記(5)のとおり、本件各更正処分は違法であり、その全部を取り消すべきであるから、本件各賦課決定処分についても、その全部を取り消すべきである。

(7) 結論

よって、審査請求には理由があるから、原処分の全部を取り消すこととする。

別表1　本件各建物の状況（省略）

別表2　審査請求に至る経緯（省略）

事例 4 （事業所得　必要経費　青色申告の特典　事業専従者給与）

> 　労務の対価として相当と認められる金額は、請求人が必要経費に算入した青色事業専従者給与の金額ではなく、類似同業者の青色事業専従者給与額の平均額であるとした事例（平成26年分及び平成28年分の所得税及び復興特別所得税の各更正処分並びに過少申告加算税の各賦課決定処分・一部取消し・令和元年 9 月 6 日裁決）
>
> 《ポイント》
> 　請求人が必要経費に算入した青色事業専従者給与の金額は、請求人の類似同業者に従事する青色事業専従者の給与の金額の平均額と比較すると、労務の対価として相当なものとは認められないため、請求人が必要経費に算入した青色事業専従者給与の金額のうちの労務の対価として相当と認められる金額に当たる類似同業者の青色事業専従者給与額の平均額を上回る部分は、事業所得の金額の計算上必要経費に算入することはできないと判断したものである。

《要旨》

　請求人は、青色事業専従者である配偶者（本件配偶者）に対して支払った給与の金額（本件青色専従者給与額）が、本件配偶者の労務の性質及びその提供の程度からすれば、労務の対価として相当と認められるもの（適正給与相当額）である旨主張する。

　しかしながら、本件配偶者の適正給与相当額は、本件配偶者の労務の性質が、請求人の事業に従事する本件配偶者以外の使用人（本件使用人）とは異なる上、本件配偶者の労務の提供の程度が明らかでないことから、本件使用人の給与の金額と比較してその該当性を検討することは相当でなく、また、本件青色事業専従者給与額は、類似同業者の青色事業専従者（本件類似青色事業専従者）の給与の額の平均額と比較すると、適正給与相当額とは認められず、本件の適正給与相当額は本件類似青色事業専従者の給与の額の平均額と認められるから、本件青色専従者給与額のうち本件類似青色事業専従者の給与の額の平均額を上回る部分は、事業所得の金額の計算上必要経費に算入することはできない。なお、一部取消しは、原処分庁が採用した本件類似青色事業専従者の抽出基準の一部が相当でなかったことから、その点を見直した結果である。

《参照条文等》

　　所得税法第57条

　　所得税法施行令第164条

（令和元年9月6日裁決）

《裁決書（抄）》

1　事　実

　(1)　事案の概要

　　　本件は、審査請求人（以下「請求人」という。）が、事業所得の金額の計算上、請求人の配偶者に対して支払った青色事業専従者給与を必要経費に算入して所得税等の確定申告をしたところ、原処分庁が、当該青色事業専従者給与の金額のうち労務の対価として相当であると認められる金額を超える部分の金額は必要経費に算入できないとして、更正処分等を行ったのに対し、請求人がその全部の取消しを求めた事案である。

　(2)　関係法令

　　イ　所得税法第56条《事業から対価を受ける親族がある場合の必要経費の特例》は、居住者と生計を一にする配偶者その他の親族がその居住者の営む事業所得を生ずべき事業に従事したことその他の事由により当該事業から対価の支払を受ける場合には、その対価に相当する金額は、その居住者の当該事業に係る事業所得の金額の計算上、必要経費に算入しないものとする旨規定している。

　　ロ　所得税法第57条《事業に専従する親族がある場合の必要経費の特例等》第1項は、青色申告書を提出することにつき税務署長の承認を受けている居住者と生計を一にする配偶者その他の親族（年齢15歳未満である者を除く。）で専らその居住者の営む同法第56条に規定する事業に従事するもの（以下「青色事業専従者」という。）が当該事業から同法第57条第2項の書類に記載されている方法に従いその記載されている金額の範囲内において給与（以下、青色事業専従者に対する給与を「青色事業専従者給与」という。）の支払を受けた場合には、同法第56条の規定にかかわらず、その給与の金額でその労務に従事した期間、労務の性質及びその提供の程度、その事業の種類及び規模、その事業と同種の事業でその規模が類似するもの（以下「類似同業者」という。）が支給する給与の状況その他の政令で定める状況に照らしその労務の対価として相当であると認められるものは、その居住者のその給与の支給に係る年分の当該事業に係る事業所得の金額の計算上必要経費に算入する旨規定している。

　　ハ　所得税法施行令第164条《青色事業専従者給与の判定基準等》第1項は、所得

— 63 —

税法第57条第1項に規定する政令で定める状況は、次に掲げる状況とする旨規定している。

(イ)　青色事業専従者の労務に従事した期間、労務の性質及びその提供の程度

(ロ)　その事業に従事する他の使用人が支払を受ける給与の状況及び類似同業者に従事する者が支払を受ける給与の状況

(ハ)　その事業の種類及び規模並びにその収益の状況

(3)　基礎事実

当審判所の調査及び審理の結果によれば、以下の事実が認められる。

イ　請求人の事業

請求人は、平成20年4月にa市内に開業した「Z歯科医院」(以下「本件歯科医院」という。)において歯科医業(以下、本件歯科医院に係る事業を「本件事業」という。)を営む歯科医師である。

ロ　本件配偶者の本件事業への従事

請求人の配偶者であり、請求人と生計を一にするX2(以下「本件配偶者」という。)は、歯科衛生士として、本件歯科医院開業当初から本件事業に従事しており、平成26年及び平成28年(以下「本件各年」という。)において、いずれの年も年間を通じて青色事業専従者として本件事業に従事していた。

ハ　請求人に係る青色申告の承認及び青色事業専従者給与に関する届出

(イ)　請求人は、平成20年5月9日、原処分庁に所得税の青色申告承認申請書を提出し、平成20年分以後の所得税の申告について、所得税法第143条《青色申告》に規定する青色の申告書により提出することにつき原処分庁の承認を受けた。

(ロ)　請求人は、平成20年5月9日、同月以後の青色事業専従者給与の支給に関して、「専従者の氏名」欄に本件配偶者の氏名、「仕事の内容・従事の程度」欄に歯科衛生士・事務、「給料」欄の「金額(月額)」欄に○○○○円、「賞与」欄に夏に支給する賞与は○○、冬に支給する賞与は○○と記載した青色事業専従者給与に関する届出書を原処分庁に提出した。

(ハ)　請求人は、平成21年3月16日、同年1月以後の青色事業専従者給与の支給に関して、「給料」欄の「金額(月額)」欄に○○○○円、「賞与」欄に夏に支給する賞与は○○、冬に支給する賞与は○○と記載した青色事業専従者給与に関する変更届出書を原処分庁に提出した。

(ニ)　請求人は、平成24年3月15日、同年1月以後の青色事業専従者給与の支給に関して、「給料」欄の「金額（月額)」欄に〇〇〇〇円、「賞与」欄に夏に支給する賞与は〇〇、冬に支給する賞与は〇〇と記載した青色事業専従者給与に関する変更届出書を原処分庁に提出した。

(ホ)　請求人は、平成26年3月17日、「給料」欄の「金額（月額)」欄に〇〇〇〇円、「賞与」欄に夏に支給する賞与は〇〇、冬に支給する賞与は〇〇と記載した青色事業専従者給与に関する変更届出書を原処分庁に提出した。

(4)　審査請求に至る経緯

イ　請求人は、平成26年分及び平成28年分（以下「本件各年分」という。）の所得税及び復興特別所得税（以下「所得税等」という。）について、事業所得の金額の計算上、本件配偶者に対して支払った青色事業専従者給与の額（平成26年分が〇〇〇〇円、平成28年分が〇〇〇〇円）を必要経費に算入して、別表1の「確定申告」欄のとおり、いずれも法定申告期限までに申告した。

ロ　請求人は、平成29年11月29日、本件各年分の所得税等について、別表1の「修正申告1」欄のとおりとする各修正申告書を提出した。

ハ　請求人は、平成30年3月27日、本件各年分の所得税等について、別表1の「修正申告2」欄のとおりとする各修正申告書を提出した。それらの異動の事由は、請求人の事業所得の金額の計算上、必要経費に算入する本件配偶者に係る青色事業専従者給与の額を、平成26年分について〇〇〇〇円から〇〇〇〇円に、平成28年分について〇〇〇〇円から〇〇〇〇円に、それぞれ減額する内容であった（以下、当該各異動の後の青色事業専従者給与の額を「本件各青色専従者給与額」という。）。

ニ　原処分庁は、原処分庁所属の調査担当職員による調査の結果、本件各青色専従者給与額のうちに所得税法第57条第1項に規定する青色事業専従者の労務の対価として相当と認められる金額（以下「適正給与相当額」という。）を超える部分の金額があり、当該超える部分の金額は請求人の事業所得の金額の計算上、必要経費に算入することができないとして、平成30年6月15日付で、別表1の「更正処分等」欄のとおり、本件各年分の所得税等についての各更正処分（以下「本件各更正処分」という。）及び過少申告加算税の各賦課決定処分（以下「本件各賦課決定処分」という。）をした。

ホ　請求人は、上記ニの各処分に不服があるとして、その全部の取消しを求め、平

　　　成30年9月10日に審査請求をした。

2　争　点

　　本件各青色専従者給与額は本件配偶者の労務の対価として相当か否か、また、相当

　と認められない場合、本件配偶者の適正給与相当額は幾らか。

3　争点についての主張

原処分庁	請求人
本件各青色専従者給与額は、以下のとおり、本件配偶者の労務の性質及びその提供の程度、請求人の事業に従事する他の使用人が支払を受けた給与の状況、請求人の事業と同種の事業でその規模が類似する同業者（以下「本件類似同業者」という。）の青色事業専従者が本件各年において支払を受けた給与の状況に照らして、著しく高額であり、本件配偶者の労務の対価として相当であるとは認められない。	本件配偶者は、以下のとおり、使用人の労務管理といった本件事業の経営上重要な業務に従事しており、その程度も所定の勤務時間内にとどまることはなく、労務の性質、労務提供の程度等からすれば、請求人が本件配偶者に対して支払った本件各青色専従者給与額は、労務の対価として相当である。
(1)　本件配偶者の労務の性質	(1)　本件配偶者の労務の性質
本件配偶者は、本件事業において、①歯科衛生士業務、②レセプト請求に関する業務、③銀行手続に関する業務、④窓口受付事務、⑤使用人の給与計算事務及び⑥現金出納帳の作成等の経理事務の労務に従事していた。	本件配偶者は、原処分庁が主張する「原処分庁」欄の(1)の①ないし⑥の業務に加え、⑦使用人の労務管理等に従事していた。 　特に上記⑦のうち使用人の労務管理については、有能で経験豊富な歯科衛生士の確保が最近の歯科診療所経営の重点課題であるため、請求人が青色事業専従者である本件配偶者に対して求めており、なおかつ評価している最大の労務であり、余人をもって代え難いものである。

(2) 本件配偶者の労務提供の程度	(2) 本件配偶者の労務提供の程度
本件配偶者の労務提供の程度を示す客観的な資料はなく、また、本件事業の事業主である請求人自身が、本件配偶者の労務提供の程度を明確に把握していたとも認められない。	本件配偶者は、勤務時間内は、よほどの事情がない限り院内で、労務管理、歯科衛生士として診療の補助、窓口受付事務に従事している。本件配偶者についてのタイムカードは作成していないものの、レセプト請求に関する業務については、現在カルテの作成等も電子化が進み、診療時間内はパソコンが使用できないことから、診療終了後の夜間等に自宅で作業しているという事実がある。
(3) 適正給与相当額の検討内容	(3) 適正給与相当額の検討内容
イ 本件各青色専従者給与額は、本件事業に従事する本件配偶者以外の使用人（以下「本件使用人」という。）のうち、歯科衛生士で年間を通じて本件事業に従事した者（以下「本件歯科衛生士」という。）が本件各年において支払を受けた給与の額の平均額及び本件歯科衛生士の中で本件各年において支払を受けた給与の額が最も高い者の給与の額に比して、いずれの年分においても著しく高額であると認められる。	イ 原処分庁は、本件配偶者の業務内容を十分に把握していない。 また、原処分庁は、本件配偶者が診療補助業務のほか窓口受付事務や使用人の給与計算事務等に従事している事実を認めておきながら、他の労務を排除し、診療補助業務のみに従事する本件歯科衛生士の給与の額と比較検討する手法を採用しており、当該手法に意味は認められない。
ロ 原処分庁は、①Ｙ２国税局管内で歯科医業を営む個人事業者であること、②青色申告者で所得税の青色申告決算書を提出している者であること、③歯科医業に係る年間の売上金額が請求人の売上金額の２分の１以上、２倍以下	ロ 原処分庁は歯科衛生士の資格を青色事業専従者が有していることを類似同業者の抽出条件の一つとして挙げているが、その前提となる青色事業専従者の労務に従事した期間や労務の性質及びその提供の程度が不確定な状況で、

の者であること、④青色事業専従者が歯科衛生士の資格を有する配偶者のみの者であること及び⑤歯科医師の資格を有する者を常勤で雇用していない者であることの基準を設け、本件類似同業者を機械的に抽出し、本件配偶者と類似性を有する者を本件類似同業者に従事する青色事業専従者（以下「本件類似同業青色専従者」という。）として選定していることから、本件各青色専従者給与額と本件類似同業青色専従者が本件各年において支払を受けた給与の額の平均額とをそれぞれ比較することは、合理性があると認められる。

　そうすると、本件各青色専従者給与額は、本件類似同業青色専従者が本件各年において支払を受けた給与の額の平均額とそれぞれ比較して、いずれの年分においても著しく高額であると認められる。

どのようにその類似性を担保するのかといった問題がある。

(4)　適正給与相当額

　本件配偶者の労務提供の程度を示す客観的な資料はなく、また、本件事業の事業主である請求人自身が、本件配偶者の労務提供の程度を明確に把握していたとも認められないことから、本件配偶者の本件各年分の適正給与相当額については、本件各青色専従者給与額と本件歯科衛生士が本件各年において支払を受けた

(4)　適正給与相当額

　本件配偶者の本件各年分の適正給与相当額は、上記1の(4)のハのとおりである。

| 給与の額とを比較する方式ではなく、本件各青色専従者給与額と本件類似同業青色専従者が本件各年において支払を受けた給与の額の平均額とを比較する方式により算定した各給与の額とするのが相当である。 | |
| そうすると、本件配偶者の本件各年分の適正給与相当額は、平成26年分が○○○○円、平成28年分が○○○○円となる。 | |

4 当審判所の判断

(1) 法令解釈

　　所得税法第56条は、居住者と生計を一にする親族が、その居住者の営む事業に従事したことその他の事由により当該事業から対価の支払を受ける場合のその対価に相当する金額は、事業所得の金額の計算上、必要経費に算入しないものとする旨規定している。

　　また、所得税法第57条第1項は、青色申告の承認を受けている事業者の場合は、同法第56条の規定にかかわらず、上記親族で専らその居住者の営む同条の事業に従事するもの（青色事業専従者）が当該事業から支払を受けた給与の金額のうち、政令で定める状況に照らしその労務の対価として相当であると認められるものは、必要経費に算入することができる旨規定しており、所得税法施行令第164条第1項は、その状況として、①労務に従事した期間、労務の性質及びその提供の程度、②その事業に従事する他の使用人が支払を受ける給与の状況及び類似同業者に従事する者が支払を受ける給与の状況並びに③その事業の種類及び規模並びにその収益の状況を掲げている。

　　上記各規定の趣旨は、居住者と生計を一にする親族がその居住者の営む事業に従事する場合には、その事業に従事する居住者と生計を一にする親族にその事業に従事する対価としての給与を無制限に必要経費に算入することを認めると、その額が恣意的に定められ、所得の分散によって課税の適正性・公平性が阻害されることに

なるため、所得税法第57条第1項及び所得税法施行令第164条第1項が掲げる状況を総合的に考慮して、労務の対価として相当と認められる部分に限って事業所得の金額の計算上、必要経費として算入することを認めたものと解される。

(2) 認定事実

請求人提出資料、原処分関係資料並びに当審判所の調査及び審理の結果によれば、以下の事実が認められる。

イ　本件配偶者の労務の性質について

(イ)　本件配偶者は、本件各年において、本件事業に年間を通じて従事しており、その労務内容は、①歯科衛生士業務、②窓口受付事務、③経理事務、④レセプト請求に関する業務、⑤使用人の給与計算事務、⑥銀行手続に関する業務、⑦診療所の外回りの掃除、⑧歯科診療所経営に必要となる会議及びセミナーへの出席、⑨本件使用人が労務に従事する様子を注視し、本件使用人の様子に異変を感じた場合には当該使用人と面談を行うこと並びに⑩退職を申し出た本件使用人と面談をし、当該使用人が退職しないよう解決策を提案することであった。

(ロ)　本件歯科医院における本件配偶者の肩書は主任歯科衛生士であり、本件配偶者は、本件各年において、上記(イ)の①の歯科衛生士業務としては、歯科医師による歯科診療業務の補助業務、患者の口腔内の清掃、患者の歯の型取り、患者への歯磨き指導に加え、本件事業に従事する歯科衛生士への指示を行い、新規採用された本件使用人への指導の中心的役割も担っていた。

ロ　本件使用人の労務の性質について

本件使用人は、本件各年において、上記イの(イ)の③ないし⑩の各業務には従事していなかった。

また、本件使用人のうち歯科衛生士は、本件各年において、本件配偶者が行っていた歯科衛生士業務のうち、上記イの(ロ)の歯科医師による歯科診療業務の補助業務、患者の口腔内の清掃、患者の歯の型取り、患者への歯磨き指導以外の業務にはほとんど従事していなかった。

ハ　本件各年において、本件使用人はタイムカードにより本件事業に従事した時間が管理されていたが、本件配偶者については、本件事業に従事した時間を管理するためのタイムカードはなく、更に本件配偶者が本件事業に従事した時間を確認できる客観的資料は存在しなかった。

ニ　原処分庁は、本件配偶者の本件各年分の適正給与相当額について、次の方式でそれぞれ検討した。

(イ)　原処分庁は、本件配偶者が、本件事業において、①歯科衛生士業務、②レセプト請求に関する業務、③銀行手続に関する業務、④窓口受付事務、⑤使用人の給与計算事務及び⑥現金出納帳の作成等の経理事務の労務に従事していたと認定した上で、本件各青色専従者給与額と本件歯科衛生士が本件各年において支払を受けた給与の額の平均額及び本件歯科衛生士の中で本件各年において支払を受けた給与の額が最も高い者の給与の額とをそれぞれ比較した。

なお、本件歯科衛生士が本件各年において支払を受けた給与の額は、別表２－１及び別表２－２のとおりである。

(ロ)　原処分庁は、①Ｙ２国税局管内で歯科医業を営む個人事業者であること、②青色申告者で所得税の青色申告決算書を提出している者であること、③歯科医業に係る年間の売上金額が請求人の売上金額の２分の１以上、２倍以下の者であること、④青色事業専従者が歯科衛生士の資格を有する配偶者のみの者であること及び⑤歯科医師の資格を有する者を常勤で雇用していない者であることの基準を設け、本件類似同業者を機械的に抽出し、本件類似同業青色専従者を選定した上で、本件各青色専従者給与額と本件類似同業青色専従者が本件各年において支払を受けた給与の額の平均額とをそれぞれ比較した。

なお、本件類似同業青色専従者が本件各年において支払を受けた給与の額及びその平均額は、別表３－１及び別表３－２の「原処分庁主張額」欄のとおりである。

また、原処分庁は、上記⑤「歯科医師の資格を有する者を常勤で雇用していない者であること」の基準（以下「本件基準⑤」という。）について、以下のとおり適用した。

Ａ　原処分庁は、本件基準⑤における「常勤」に関し、常勤で雇用されていない歯科医師とは、「毎日一定の時間、常時勤務していない歯科医師、また、本務として専任でない歯科医師」と定義した。

Ｂ　原処分庁は、原処分に係る調査において請求人から提示された本件使用人のタイムカードから、本件使用人のうちの歯科医師の稼働時間数を確認し、請求人を本件基準⑤に該当する者と判断した。

C　原処分庁は、平成26年賃金構造基本統計調査における一般労働者である歯科医師の年間の給与の額（賞与等を含む。）7,342,800円を常勤で雇用されている者の年間の給与の額の目安とするとともに、請求人の類似同業者の青色申告決算書、その者の使用人に係る給与支払報告書等の記載内容を確認した上で、請求人の類似同業者が本件基準⑤に該当するか否かの判断を行った。

　　　なお、上記の判断を行う際、原処分庁は、請求人の類似同業者に雇用されている歯科医師の個別具体的な勤務時間等の勤務状況に基づく判断は行っていなかった。

(ハ)　原処分庁は、本件配偶者の労務提供の程度を示す客観的な資料はなく、また、本件事業の事業主である請求人自身が本件配偶者の労務提供の程度を明確に把握していたとも認められないことから、本件配偶者の本件各年分の適正給与相当額の算定は、上記(ロ)の方式により行った。

ホ　本件各青色専従者給与額と本件歯科衛生士が本件各年において支払を受けた給与の額との比較

(イ)　本件事業においては、本件使用人として歯科医師、歯科衛生士、助手、歯科技工士及び用務員が従事しており、本件使用人の中でその労務の性質が最も本件配偶者と類似するのは、その職種から本件歯科衛生士であると認められる。

(ロ)　本件歯科衛生士のうち最高給与額は、別表2－1及び別表2－2のとおり、平成26年はX3の○○○○円、平成28年はX4の○○○○円である。

(ハ)　本件各青色専従者給与額は、上記(ロ)の本件各年の最高給与額と比較して、平成26年分が○○倍（○○○○円を○○○○円で除し、小数点以下3位を四捨五入した後の数値）、平成28年分が○○倍（○○○○円を○○○○円で除し、小数点以下3位を四捨五入した後の数値）となる。

(3)　判断

　　本件各青色専従者給与額が本件配偶者の労務の対価として相当か否かについて、本件各年における本件配偶者の労務の性質及びその提供の程度を前提として、本件各青色専従者給与額と労務の性質が本件配偶者と最も類似する本件歯科衛生士が本件各年において支払を受けた給与の額とを比較する方式（以下「使用人給与比準方式」という。）及び本件各青色専従者給与額と請求人の類似同業者の事業に従事する青色事業専従者が本件各年において支払を受けた給与の額の平均額とを比較する

方式（以下「類似同業専従者給与比準方式」という。）により、以下検討する。

　なお、所得税法施行令第164条第1項第3号に規定する状況（上記(1)の③）については、使用人給与比準方式及び類似同業専従者給与比準方式の中で、併せて検討する。

イ　本件配偶者の労務の性質

　　本件各年における本件配偶者の労務の性質は、上記(2)のイの(イ)のとおり、歯科衛生士業務のほか各種業務に及んでいたが、本件歯科衛生士は、上記(2)のロのとおり、上記(2)のイの(ロ)の本件配偶者が行っていた歯科衛生士業務のうち、歯科医師による歯科診療業務の補助業務、患者の口腔内の清掃、患者の歯の型取り、患者への歯磨き指導以外の業務にはほとんど従事していなかった。

　　また、上記(2)のイの(ロ)のとおり、本件配偶者は、歯科衛生士としては本件歯科衛生士が行っていた業務に加え、本件事業に従事する歯科衛生士への指示を行い、新規採用された本件使用人への指導の中心的役割も担っていた。

　　以上に照らせば、本件配偶者の労務の性質は、本件歯科衛生士の労務の性質とは異なると認めるのが相当である。

ロ　本件配偶者の労務提供の程度

　　本件配偶者の労務提供の程度については、上記(2)のハのとおり、本件各年において、本件配偶者が本件事業に従事した時間を記録した証拠は存在しない。

　　したがって、本件配偶者が、本件各年において本件事業に従事していた時間は、客観的な証拠によって認定することはできず、本件配偶者の労務提供の程度を明らかにすることはできない。

ハ　適正給与相当額の検討

(イ)　使用人給与比準方式

　　　本件配偶者の労務の性質については、上記イのとおり、本件歯科衛生士が行っていた業務以外の歯科衛生士業務やその他の各種業務も含まれていることから、本件歯科衛生士の労務の性質とは異なると認められるものの、これらの業務は、歯科衛生士の資格以外の資格を必要とするような類いの業務ではないと認められる。また、上記(2)のホの(イ)のとおり、本件使用人の中でその労務の性質が最も本件配偶者と類似するのは、本件歯科衛生士であると認められる。

　　　これらのことから、当審判所において、本件各青色専従者給与額と本件歯科

衛生士が本件各年において支払を受けた給与の額とを比較したところ、上記(2)のホのとおり、本件各青色専従者給与額は、所得税法施行令第164条第1項第2号が規定する「その事業に従事する他の使用人が支払を受ける給与の状況」に照らすと高額であると認められるものの、上記ロのとおり、本件配偶者の労務提供の程度が明らかでないため、労務提供の程度が明らかな本件歯科衛生士が支払を受けた給与の額を基に比較することは相当でない。

したがって、本件配偶者の本件各年分の適正給与相当額を算定するに当たって使用人給与比準方式によることは相当ではない。

(ロ) 類似同業専従者給与比準方式

類似同業専従者給与比準方式は、業種の同一性、事業規模の類似性等の基礎的要件に欠けるところがない限り、本件事業と同種の事業でその規模が類似するものに従事する青色事業専従者の給与の額を平均することで、本件事業と同種の事業でその規模が類似するものに従事する青色事業専従者の個別具体的事情が捨象される合理的な方法と認められる。

A 原処分庁が採用した類似同業専従者給与比準方式の検討

当審判所が、原処分関係資料を基に、原処分庁が採用した類似同業者の抽出基準及び抽出状況を調査した結果、原処分庁は、上記(2)のニの(ロ)のとおり、本件類似同業者を抽出していると認められる。

原処分庁の抽出条件である、上記(2)のニの(ロ)の①「Ｙ２国税局管内で歯科医業を営む個人事業者であること」及び同③「歯科医業に係る年間の売上金額が請求人の売上金額の２分の１以上、２倍以下の者であること」という基準は、所得税法施行令第164条第1項第3号に規定する請求人の事業の種類及び規模並びにその収益の状況を考慮しているから、類似同業者を選定するものとして相当である。

また、上記(2)のニの(ロ)の②「青色申告者で所得税の青色申告決算書を提出している者であること」及び同④「青色事業専従者が歯科衛生士の資格を有する配偶者のみの者であること」という基準についても、類似同業者を選定するものとして合理性が認められる。

ところで、原処分庁は、類似同業者の抽出に当たって、上記(2)のニの(ロ)のＡのとおり、本件基準⑤の「常勤」に関し、常勤で雇用されていない歯科医

師とは、「毎日一定の時間、常時勤務していない歯科医師、また、本務として専任でない歯科医師」と定義していたことが認められるが、「毎日一定の時間、常時勤務していない歯科医師、また、本務として専任でない歯科医師」という定義自体がそもそも明確であるとは言い難い。

　　なお、原処分庁は、上記(2)のニの(ロ)のBのとおり、原処分に係る調査において請求人から提示された本件使用人のタイムカードから、本件使用人のうちの歯科医師の具体的な稼働状況を確認し、請求人を「歯科医師の資格を有する者を常勤で雇用していない者である」と判断しているのに対し、上記(2)のニの(ロ)のCのとおり、請求人の類似同業者が本件基準⑤に該当するか否かを判断する際、雇用されている歯科医師の個別具体的な勤務時間等の勤務状況をその該当性の判断に用いていないため、本件基準⑤について、抽出された本件類似同業者と請求人との間に必ずしも類似性が認められるとは言い難い。

　　以上のことからすれば、原処分庁が採用した本件基準⑤は、抽出基準として相当でない。

Ｂ　当審判所が採用した類似同業専従者給与比準方式の検討結果

　　上記(2)のニの(ロ)の原処分庁が採用した抽出基準のうち、①Ｙ２国税局管内で歯科医業を営む個人事業者であること、②青色申告者で所得税の青色申告決算書を提出している者であること、③歯科医業に係る年間の売上金額が請求人の売上金額の２分の１以上、２倍以下の者であること及び④青色事業専従者が歯科衛生士の資格を有する配偶者のみの者であることという基準は、上記Ａのとおり、類似同業者を選定するものとして合理性が認められる。

　　なお、当審判所は、上記抽出基準の①につき、本件各年の中途において開廃業、休業又は業態を変更しておらず、また、申告に対する更正処分等が行われ不服申立て、訴訟が係属している者は除く、という前提を付加するとともに、本件各年につき年間を通じて青色事業専従者給与を支払っていることという基準を付加することが相当と判断した。

ニ　適正給与相当額の算定

　本件配偶者の本件各年分の適正給与相当額を算定するに当たっては、上記ハの(イ)のとおり、使用人給与比準方式によることは相当でなく、上記ハの(ロ)のとおり、

類似同業専従者給与比準方式によることが相当である。

　　そこで、上記ハの(ロ)のBの抽出基準により選定された類似同業者の青色事業専従者が本件各年において支払を受けた給与の額の平均額を計算すると、それぞれ別表3－1及び別表3－2の「審判所認定額」欄のとおり、平成26年が○○○○円、平成28年が○○○○円となる。

　　そうすると、本件各青色専従者給与額は、類似同業専従者給与比準方式により算定した本件各年の上記のそれぞれの金額と比較して、平成26年分が○○倍（○○○○円を○○○○円で除し、小数点以下3位を四捨五入した後の数値）、平成28年分が○○倍（○○○○円を○○○○円で除し、小数点以下3位を四捨五入した後の数値）となり、本件配偶者の本件各年分の適正給与相当額と認めることはできない。

　　したがって、本件配偶者の本件各年分の適正給与相当額は、上記のとおり、類似同業専従者給与比準方式により算定した平成26年分が○○○○円、平成28年分が○○○○円となる。

ホ　請求人の主張について

　(イ)　請求人は、本件配偶者の労務の性質及び労務提供の程度については、上記3の「請求人」欄の(1)及び(2)のとおりであり、それらのことからすれば、請求人が本件配偶者に対して支払った本件各青色専従者給与額は、労務の対価として相当なものである旨主張する。

　　　しかしながら、本件配偶者の労務の性質及びその提供の程度を前提として、使用人給与比準方式及び類似同業専従者給与比準方式により検討しても、請求人の主張する本件各青色専従者給与額が適正給与相当額と認められないことについては、上記ハ及びニのとおりである。

　　　なお、上記(2)のハのとおり、本件配偶者の労務提供の程度を示す客観的な資料はなく、また、本件事業の事業主である請求人自身が本件配偶者の労務提供の程度を明確に把握していたとも認められず、当審判所に対して、請求人からその程度に関する資料の提出もない状況の中では、請求人の主張を基に適正給与相当額を算定することはできない。

　　　したがって、この点に関する請求人の主張には理由がない。

　(ロ)　請求人は、上記3の「請求人」欄の(3)のイのとおり、原処分庁は本件配偶者

の業務内容を十分に把握していない旨主張する。

　　しかしながら、原処分庁は、原処分に係る調査の結果、本件配偶者が、①歯科衛生士業務、②レセプト請求に関する業務、③銀行手続に関する業務、④窓口受付事務、⑤使用人の給与計算事務及び⑥現金出納帳の作成等の経理事務の労務に従事していたと認定していたと認められるから、原処分庁が本件配偶者の業務内容を十分に把握していなかったとはいえない。

　　したがって、この点に関する請求人の主張には理由がない。

(ハ)　請求人は、上記3の「請求人」欄の(3)のイのとおり、原処分庁は、使用人給与比準方式の検討において、本件配偶者が診療補助業務以外の業務にも従事している事実を認めながら、診療補助業務のみに従事する本件歯科衛生士が本件各年において支払を受けた給与の額と本件各青色専従者給与額とをそれぞれ比較する手法を採用しており、当該手法に意味は認められない旨主張する。

　　しかしながら、原処分庁は、所得税法施行令第164条第1項の規定に従い、本件各青色専従者給与額と労務の性質が本件配偶者と最も類似する本件歯科衛生士が本件各年において支払を受けた給与の額の平均額及び本件歯科衛生士の中で本件各年において支払を受けた給与の額が最も高い者の給与の額とをそれぞれ比較し検討したものであって、原処分庁の検討に意味が認められないとはいえない。

　　したがって、この点に関する請求人の主張には理由がない。

(ニ)　請求人は、上記3の「請求人」欄の(3)のロのとおり、原処分庁は歯科衛生士の資格を青色事業専従者が有していることを類似同業者の抽出条件の一つとして挙げているが、その前提となる青色事業専従者の労務に従事した期間や労務の性質及びその提供の程度が不確定な状況で、どのようにその類似性を担保するのかといった問題がある旨主張する。

　　しかしながら、仮にそのような不確定な状況であったとしても、上記ハの(ロ)のとおり、類似同業専従者給与比準方式は、本件事業と同種の事業でその規模が類似するものに従事する青色事業専従者の個別具体的事情が捨象される合理的な方法であり、また、その類似性の担保に問題は認められない。

　　したがって、この点に関する請求人の主張には理由がない。

(4)　本件各更正処分の適法性について

当審判所で認定した本件配偶者の本件各年分の適正給与相当額は、上記(3)のニの
とおり、平成26年分が○○○○円、平成28年分が○○○○円となる。

　以上を前提として、本件各年分の事業所得の金額を計算すると、平成26年分が○
○○○円、平成28年分が○○○○円となり、請求人にはその他の所得金額はないか
ら、本件各年分の総所得金額は、平成26年分が○○○○円、平成28年分が○○○○
円となる。

　そして、当該総所得金額に基づき本件各年分の請求人の納付すべき税額を算定す
ると、平成26年分が○○○○円、平成28年分が○○○○円となり、本件各更正処分
における金額（平成26年分が○○○○円、平成28年分が○○○○円）をいずれも下
回るから、本件各更正処分はいずれもその一部を別紙1及び別紙2の「取消額等計
算書」のとおり取り消すべきである。

　なお、本件各更正処分のその他の部分については、請求人は争わず、当審判所に
提出された証拠資料等によっても、これを不相当とする理由は認められない。

(5)　本件各賦課決定処分の適法性について

　本件各更正処分は、上記(4)のとおり、いずれもその一部を取り消すべきであるか
ら、本件各賦課決定処分の基礎となる税額は、平成26年分が○○○○円、平成28年
分が○○○○円となる。

　また、これらの税額の計算の基礎となった事実が本件各更正処分前の税額の計算
の基礎とされていなかったことについては、国税通則法（平成26年分については平
成28年法律第15号による改正前のもの。）第65条《過少申告加算税》第4項に規定
する正当な理由があるとは認められない。

　したがって、請求人の過少申告加算税の額は、平成26年分が○○○○円、平成28
年分が○○○○円となり、本件各賦課決定処分の金額（平成26年分が○○○○円、
平成28年分が○○○○円）にいずれも満たないから、本件各賦課決定処分は、いず
れもその一部を別紙1及び別紙2の「取消額等計算書」のとおり取り消すべきであ
る。

(6)　結論

　よって、審査請求には理由があるから、原処分の一部を取り消すこととする。

別表1　審査請求に至る経緯（省略）

別表2－1　本件歯科衛生士が支払を受けた給与の額（平成26年）（省略）

別表2－2　本件歯科衛生士が支払を受けた給与の額（平成28年）（省略）

別表3－1　類似同業専従者給与比準方式により抽出された青色事業専従者が支払を受
　　　　　けた給与の額及びその平均額（平成26年）（省略）

別表3－2　類似同業専従者給与比準方式により抽出された青色事業専従者が支払を受
　　　　　けた給与の額及びその平均額（平成28年）（省略）

別紙1　「取消額等計算書」（省略）

別紙2　「取消額等計算書」（省略）

事例5 （相続財産に係る譲渡所得の課税の特例）

> 租税特別措置法施行令第25条の16第1項第2号所定の「当該譲渡をした資産の当該課税価格の計算の基礎に算入された金額」は本件各土地の相続税の課税価格に算入された価格に基づく金額であるとした事例（平成27年分の所得税及び復興特別所得税の更正処分・一部取消し・令和元年7月5日裁決）
>
> 《ポイント》
> 　本事例は、租税特別措置法施行令第25条の16第1項第2号所定の「当該譲渡をした資産の当該課税価格の計算の基礎に算入された金額」は本件各土地の自用地としての価額に借地権割合を乗じた金額ではなく、相続税の課税価格に算入された本件各土地の貸家建付地としての価額に借地権割合を乗じた金額となると判断したものである。

《要旨》

　請求人は、各土地（本件各土地）に借地権を設定したのであるから、租税特別措置法施行令第25条の16第1項第2号所定の「譲渡をした資産」は、本件各土地の自用地としての価額に借地権割合を乗じた金額となるのであって、当該金額は、本件各土地の相続税評価額を上回ることとなることから、結局、「譲渡をした資産の当該課税価格の計算の基礎に算入された価額」は、本件各土地の相続税評価額の全額となる旨主張する。

　しかしながら、当該課税価格とはあくまで本件各土地に係る相続税の課税価格に算入された価格に基づく金額であって、本件の場合、「当該課税価格の計算の基礎に算入された価額」は貸家建付地評価額である。また、本件においては、各借地権（本件各借地権）が本件各土地の全体に占める割合（本件割合）と本件土地の周辺地域の借地権割合とを併せ考慮すれば、本件各借地権の設定契約により譲渡したものとみなされる本件各借地権の設定に係る対価は、本件各土地の権利の本件割合相当分に当たるものと認められる。したがって、「譲渡をした資産の当該課税価格の計算の基礎に算入された価額」として本件各借地権が本件各土地の相続税の課税価格のうちに占める価額とは、本件各土地が相続税の課税価格の計算の基礎に算入された価額すなわち貸家建付地評価額に本件割合を乗じた価額となる。ただし、譲渡費用の一部が計上漏れとなっていることが認められることから、本件更正処分の一部を取り消すことが相当である。

《参考判決・裁決》

東京地裁平成12年11月30日判決（訟月48巻 1 号147頁）

（令和元年7月5日裁決）

《裁決書（抄）》

1　事　実

　(1)　事案の概要

　　　本件は、審査請求人（以下「請求人」という。）が、相続により取得した貸家建付地に借地権を設定した対価として受領した権利金が分離課税の長期譲渡所得に該当するとした上で、相続財産に係る譲渡所得の課税の特例を適用して申告するに当たり、「当該譲渡をした資産の当該課税価格の計算の基礎に算入された価額」は当該土地に係る相続税評価額の全額であるとして取得費の加算額を計算したところ、原処分庁が、当該加算額は当該土地に設定された借地権の価額に対応する部分に限られるとして更正処分等を行ったことから、請求人が、原処分の計算には誤りがあるなどとして、原処分の全部の取消しを求めた事案である。

　(2)　関係法令等

　　イ　国税通則法関係

　　　(イ)　国税通則法（平成29年法律第4号による改正前のもの。以下「通則法」という。）第74条の2《当該職員の所得税等に関する調査に係る質問検査権》第1項は、国税局又は税務署の当該職員は、所得税に関する調査について必要があるときは、納税義務がある者又は納税義務があると認められる者等に質問し、その者の事業に関する帳簿書類その他の物件を検査し、又は当該物件の提示若しくは提出を求めることができる旨規定している。

　　　(ロ)　通則法第7章の2（国税の調査）関係通達の制定について（平成24年9月12日付課総5-9ほかによる国税庁長官通達をいい、以下「調査手続通達」という。）の1-3《「当該職員」の意義》は、通則法第74条の2から第74条の6までの各条の規定により質問検査等を行うことができる「当該職員」とは、国税庁、国税局若しくは税務署又は税関の職員のうち、その調査を行う国税に関する事務に従事している者をいう旨定めている。

　　ロ　行政手続法第14条《不利益処分の理由の提示》第1項は、行政庁は、不利益処分をする場合には、その名宛人に対し、同時に、当該不利益処分の理由を示さなければならない旨規定している。

　　ハ　租税特別措置法関係

(イ)　租税特別措置法（平成28年法律第15号による改正前のもの。以下「措置法」
　　という。）第39条《相続財産に係る譲渡所得の課税の特例》（以下「本件特例」
　　という。）第1項は、相続又は遺贈による財産の取得をした個人で当該相続又
　　は遺贈につき相続税法の規定による相続税額があるものが、当該相続の開始が
　　あつた日の翌日から当該相続に係る相続税の申告書の提出期限の翌日以後3年
　　を経過する日までの間に当該相続税額に係る課税価格の計算の基礎に算入され
　　た資産の譲渡（措置法第31条《長期譲渡所得の課税の特例》第1項に規定する
　　譲渡所得の基因となる不動産等の貸付けを含む。）をした場合における譲渡所
　　得に係る所得税法第33条《譲渡所得》第3項の規定の適用については、同項に
　　規定する取得費は、当該取得費に相当する金額に当該相続税額のうち当該譲渡
　　をした資産に対応する部分として政令で定めるところにより計算した金額を加
　　算した金額とする旨規定している。

(ロ)　租税特別措置法施行令（以下「措置法施行令」という。）第25条の16《相続
　　財産に係る譲渡所得の課税の特例》第1項は、措置法第39条第1項に規定する
　　譲渡をした資産に対応する部分として政令で定めるところにより計算した金額
　　（以下「取得費加算額」という。）は、次のAに掲げる相続税額にBに掲げる割
　　合を乗じて計算した金額とする旨規定している。

　　A　当該譲渡をした資産の取得の基因となった相続又は遺贈に係る当該取得を
　　　した者の相続税額で、当該譲渡の日の属する年分の所得税の納税義務の成立
　　　する時において確定しているもの

　　B　Aに掲げる相続税額に係るAに規定する者についての課税価格（相続税法
　　　第13条《債務控除》の規定の適用がある場合には同条の規定の適用がないも
　　　のとした場合の課税価格とする。）のうちに当該譲渡をした資産の当該課税
　　　価格の計算の基礎に算入された価額の占める割合

(ハ)　措置法施行令第25条の16第2項は、上記(ロ)のAに掲げる相続税額は、同Aに
　　規定する納税義務の成立する時後において、当該相続税額に係る相続税につき
　　修正申告書の提出又は更正があった場合には、同Aの規定にかかわらず、その
　　申告又は更正後の相続税額とする旨規定している。

(3)　基礎事実

　　当審判所の調査及び審理の結果によれば、以下の事実が認められる。

イ　N2（以下「本件被相続人」という。）は、平成27年6月○日（以下「本件相
続開始日」という。）に死亡し、その相続（以下「本件相続」という。）が開始し
た。

　　　本件相続に係る共同相続人は、いずれも本件被相続人の養子である請求人及び
N3の2名（以下、この2名を「請求人ら」という。）である。

ロ　請求人らは、平成27年11月27日付で成立した本件相続に係る遺産分割協議によ
り、本件被相続人が本件相続開始日に所有していた別表1-1の各土地（以下
「本件各相続土地」という。）及び別表1-2の各建物（以下「本件各相続建物」
という。）を各2分の1ずつの割合により取得した。

ハ　本件各相続土地は、平成27年12月4日、別表2-1のとおり分筆され、平成28
年9月26日、別表2-2のとおり合筆された。

ニ　請求人らと、Q社（代表取締役は請求人。）は、平成27年12月11日、下記各契
約を締結した。

　　(イ)　請求人らが、Q社に対し、2015年12月12日から2035年12月31日の間、建物所
有目的で、別表2-1の順号1-1ないし順号1-5、順号2-4、順号3、
順号5-1、順号5-2、順号8-1及び順号8-2の土地の一部（地積
509.13㎡）を賃貸する旨の契約（以下「本件借地権設定契約1」といい、本件
借地権設定契約1に係る契約書を「本件借地権設定契約書1」という。）。

　　　　A　月額賃料（地代）　次の計算式により算出される金額とし、毎年変動する。

　　　　B　当該年度の公租公課（固定資産税＋都市計画税）×1.1÷12

　　　　C　Q社は、権利金　○○○○円を締結時に請求人らに支払う。

　　(ロ)　請求人らが、Q社に対し、2015年12月12日から2035年12月31日までの間、建
物所有目的で、別表2-1の順号7の土地（地積179.00㎡）を賃貸する旨の契
約（以下「本件借地権設定契約2」といい、本件借地権設定契約2に係る契約
書を「本件借地権設定契約書2」といい、本件借地権設定契約1及び同2を併
せて「本件各借地権設定契約」という。）。

　　　　A　月額賃料（地代）　次の計算式により算出される金額とし、毎年変動する。

　　　　B　当該年度の公租公課（固定資産税＋都市計画税）×1.1÷12

　　　　C　Q社は、権利金　○○○○円を締結時に請求人らに支払う。

　　(ハ)　別表1-2の順号1の建物（以下「本件建物1」という。）の所有を目的と

して本件借地権設定契約１を締結することを条件として、請求人らが、Ｑ社に対し、本件建物１を○○○○円で譲渡する契約（以下「本件建物売買契約１」という。）。

(二)　別表１－２の順号４の建物（以下「本件建物２」という。）の所有を目的として本件借地権設定契約２を締結することを条件として、請求人らが、Ｑ社に対し、本件建物２を○○○○円で譲渡する契約（以下「本件建物売買契約２」といい、本件建物売買契約１と併せて「本件各建物売買契約」という。）。

ホ　上記ニの(イ)及び(ロ)の各土地は、本件相続開始日においていずれも借地権割合が○○％の地域にある。

(4)　本件相続に係る相続税（以下「本件相続税」という。）の課税の経緯

イ　請求人は、平成27年12月16日、別表３－１の「当初申告」欄のとおり記載した本件相続税の申告書を、Ｎ３と共同で、Ｒ税務署長に提出した。

ロ　請求人は、平成28年３月10日、別表３－１の「訂正申告」欄のとおり記載した本件相続税の訂正申告書（以下「本件相続税訂正申告書」という。）を、Ｎ３と共同で、Ｒ税務署長に提出した。

その際、請求人は、本件建物１の敷地及び本件建物２の敷地は別表３－２の「地番」欄及び「地積」欄のとおりであるとし、同表の「評価額」欄のとおり評価して、申告した。

ハ　Ｓ国税局所属の調査担当職員（以下「本件相続税調査担当職員」という。）は、平成29年６月28日、Ｔ１税理士に対し、事前通知を行った上、平成29年７月24日、本件相続税の実地の調査（以下「本件相続税調査」という。）を開始した。

ニ　Ｒ税務署長は、本件相続税調査に基づき、平成29年12月26日付で、請求人に対し、別表３－１の「更正処分」欄のとおり減額更正（以下「本件相続税更正処分」という。）をした。

その際、Ｒ税務署長は、本件建物１の敷地及び本件建物２の敷地は、別表３－３の「地番」欄及び「地積」欄のとおりであるとして、同表の「評価額」欄のとおり評価した。

(5)　本審査請求に至る経緯

イ　請求人は、平成28年３月14日、請求人の平成27年分の所得税及び復興特別所得税（以下「本件所得税等」という。）につき、別表４－１の「確定申告」欄のと

おり記載した本件所得税等の確定申告書（以下、当該確定申告書に係る申告を「本件確定申告」という。）を原処分庁に提出した。

　その際、請求人は、本件各借地権設定契約に係る各権利金は譲渡所得に該当するとして、本件建物１及び本件建物２の譲渡と併せて、本件所得税等に係る分離長期譲渡所得の金額を別表４－２の「確定申告」欄のとおり計算し、本件各借地権設定契約に係る分離長期譲渡所得の金額（以下「本件譲渡所得金額」という。）の計算上の取得費加算額を別表４－３の「確定申告」欄のとおり計算するとともに、各物件ごとの「譲渡所得の内訳書（確定申告書付表兼計算明細書）」の「お売りになった理由」欄に「納税資金のため」と記載した。

ロ　原処分庁所属の調査担当職員（以下「本件所得税等調査担当職員」といい、本件相続税調査担当職員と併せて「本件各調査担当職員」という。）は、平成29年７月21日、Ｔ２税理士に対し、事前通知を行った上、平成29年８月30日、請求人による本件確定申告に関する実地の調査（以下「本件所得税等調査」といい、本件相続税調査と併せて「本件各税務調査」という。）を開始した。

ハ　原処分庁は、本件所得税等調査に基づき、平成30年５月29日付で、別表４－１の「更正処分」欄のとおりの更正処分（以下「本件更正処分」という。）及び過少申告加算税の賦課決定処分（以下「本件賦課決定処分」という。）をした。

　その際、原処分庁は、本件所得税等に係る分離長期譲渡所得の金額を別表４－２の「更正処分」欄のとおり計算し、本件譲渡所得金額の計算上の取得費加算額を別表４－３の「更正処分」欄のとおり計算した。

ニ　請求人は、平成30年８月７日、本件更正処分及び本件賦課決定処分に不服があるとして、審査請求をした。

ホ　原処分庁は、本審査請求において、①本件所得税等は別表４－１の「答弁書主張額」欄、②本件所得税等に係る分離長期譲渡所得の金額は別表４－２の「答弁書主張額」欄及び③本件譲渡所得金額の計算上の取得費加算額は別表４－３の「答弁書主張額」欄のとおりとなる旨並びに④本件更正処分における請求人が納付すべき本件所得税等の額は別表４－１の「答弁書主張額」欄の額の範囲内であることから原処分は適法である旨主張している。

　また、本件各借地権設定契約により授受された権利金が、所得税法施行令（平成29年政令第40号による改正前のもの。）第79条《資産の譲渡とみなされる行為》

第1項の規定により、所得税法第33条に規定する譲渡所得の課税の対象となることについて、当事者間に争いはない。

2　争　点

(1)　本件各税務調査の手続に原処分を取り消すべき違法事由があるか否か（争点1）。

(2)　本件更正処分の理由の提示に不備があるか否か。また、原処分庁の理由の差替えは許されるか否か（争点2）。

(3)　本件譲渡所得金額の取得費加算額の計算上「当該譲渡をした資産の当該課税価格の計算の基礎に算入された価額」はいくらか（争点3）。

3　争点についての主張

(1)　争点1（本件各税務調査の手続に原処分を取り消すべき違法事由があるか否か。）について

原処分庁	請求人
イ　本件相続税調査担当職員が右欄イに記載の説明をした事実はない。 　　仮に、そのような説明を行ったとしても、それは、本件相続税調査の結果に連動して本件所得税等の修正申告が必要となる可能性がある旨の当然のことを説明したまでで、税務職員の合理的な選択の範囲を逸脱するものではなく、国家公務員法第100条《秘密を守る義務》にいう「秘密」にも該当しないので、守秘義務に違反するものではない。	イ　本件相続税調査担当職員は、平成29年11月16日、本件相続税については税務代理権限があるが本件所得税等については税務代理権限がない税理士の立会いのもと、請求人に対し、本件所得税等について修正申告が必要であること並びにその理由及び具体的金額について説明した。 　　これは、通則法第126条及び国家公務員法第100条第1項に規定する守秘義務違反である。
ロ　本件相続税調査担当職員は、譲渡所得の調査事務についても、国税庁事務分掌規則第296条（平成13年国税庁訓令第1号）第1号及び第3号を介して、調査手続通達の1-3に定める	ロ　本件相続税調査担当職員は、調査手続通達の1-3に定める「その調査を行う国税に関する事務に従事している者」に該当せず、通則法第74条の2の定める本件所得税等の質問検査権を有

「その調査を行う国税に関する事務に従事している者」に該当し、本件所得税等の質問検査権を有する。	していない。

(2) 争点2（本件更正処分の理由の提示に不備があるか否か。また、原処分庁の理由の差替えは許されるか否か。）について

原処分庁	請求人
イ　本件更正処分に係る更正通知書には、本件特例の対象となる資産として上記1の(3)のニの(イ)及び(ロ)で設定した各借地権を挙げた上で、請求人の平成27年分の分離長期譲渡所得の金額の計算上、取得費加算額につき、根拠法令を挙げながら具体的な計算過程を示しており、原処分庁の判断の理由、判断過程が逐一検証し得る程度に具体的に記載されている。	イ　本件更正処分に係る更正通知書に記載された処分の理由には、上記1の(3)のニの(イ)及び(ロ)の各土地の相続税評価額に○○％を乗じた金額を基に取得費加算額を計算した旨のみ記載されており、上記1の(3)のニの(イ)及び(ロ)の各土地の相続税評価額に○○％を乗じた金額を基として計算する理由についての記載がなく、本件更正処分の理由の提示に不備がある。
ロ　原処分庁は、答弁書において、本件特例の適用要件である具体的事実については従前の主張を何ら変更しておらず、措置法施行令第25条の16第1項第2号所定の「譲渡をした資産の当該課税価格の計算の基礎に算入された価額」の計算方法という法的評価に関する主張を変更したにすぎないから、許されない理由の差替えには当たらない。	ロ　原処分庁は、本件譲渡所得金額の取得費加算額の計算上「当該譲渡をした資産の当該課税価格の計算の基礎に算入された価額」について、更正通知書では貸家建付地評価額に○○％を乗じた価額としていたのに対し、答弁書では貸家建付借地権評価額としている。新たな事実関係が生じていない状況におけるこのような理由の変更は、更正通知書に記載された理由に誤りがあったことの表れであり、本件更正処分の理由の提示に不備がある。

(3) 争点3（本件譲渡所得金額の取得費加算額の計算上「当該譲渡をした資産の当該課税価格の計算の基礎に算入された価額」はいくらか。）について

原処分庁	請求人
上記1の(3)のニの(イ)及び(ロ)の各土地は、いずれも、上記1の(3)のニの(イ)及び(ロ)で設定した各借地権の設定契約の前後を通じて、賃貸事業の用に供されている上記1の(3)のニの(イ)及び(ロ)の各土地上に存する建物の敷地の用に供されており、本件相続税更正処分においては、建物賃借権による制約を反映した貸家建付地として評価されている。 　このことからすれば、上記1の(3)のニの(イ)及び(ロ)で設定した各借地権の設定契約により所得税法上譲渡したものとみなされる各借地権のうち、かかる制約部分を除いた部分の金額が、「当該譲渡をした資産の当該課税価格の計算の基礎に算入された価額」となるのであるから、その価額は、貸家建付借地権評価額となる。	請求人は、上記1の(3)のニの(イ)及び(ロ)の各土地に借地権を設定したのであるから、措置法施行令第25条の16第1項第2号所定の「譲渡をした資産の当該課税価格の計算の基礎に算入された価額」は、上記1の(3)のニの(イ)及び(ロ)の各土地の自用地としての価額に借地権割合の○○％を乗じた金額となるべきである。もっとも、そうすると、上記1の(3)のニの(イ)及び(ロ)の各土地の相続税評価額（貸家建付地評価額）を上回ることとなることから、結局、「当該譲渡をした資産の当該課税価格の計算の基礎に算入された価額」は、上記1の(3)のニの(イ)及び(ロ)の各土地の相続税評価額（貸家建付地評価額）となる。

4　当審判所の判断

(1)　争点1（本件各税務調査の手続に原処分を取り消すべき違法事由があるか否か。）について

　　イ　法令解釈

　　　　通則法第74条の2第1項は、税務署の調査権限を有する職員が、当該調査の目的、調査すべき事項、申請、申告の体裁内容、帳簿等の記入保存状況、相手方の事業の形態等諸般の具体的状況に鑑み、客観的な必要性があると判断する場合には、職権調査の一方法として、同項各号規定の者に対し質問し、又はその事業に

関する帳簿、書類その他当該調査事項に関連性を有する物件の検査を行う権限を認めた趣旨であって、この場合の質問検査等の範囲、程度、時期、場所等実定法上特段の定めのない実施の細目については、質問検査等の必要があり、これと相手方の私的利益との衡量において社会通念上相当な限度にとどまる限り、権限のある税務職員の合理的な選択に委ねられているものと解される。

ロ　認定事実

(イ)　本件各税務調査に関しては、いずれも調査経過記録書が存在するところ（以下、本件相続税調査に関する調査経過記録書と本件所得税等調査に関する調査経過記録書を併せて「本件各調査経過記録書」という。）、本件各調査経過記録書上の各記載は、臨場場所の変更や事前通知した調査年分等に関する記載については、本件各税務調査に係る調査手続チェックシートに記載された内容に、また、税務代理人に関する記載については、請求人の確定申告書の「税理士」欄に記載された内容に一致し、物件の留め置き及び返却状況も一致するなど、他の客観証拠と整合するものである上、本件各調査担当職員と請求人及び税理士とのやり取りや、請求人及び税理士の発言に関する記載は具体的かつ詳細で臨場感に富んでおり、内容自体や内容相互に不自然な点も見当たらない。また、本件各調査経過記録書は、当該調査の当日に作成され、本件各調査担当職員の上司に報告されるなどしていることからすると、本件各調査経過記録書には高い信用性が認められ、同書上に記載がある事項については、請求人に対する調査の状況を正確に記録したものであると認めるのが相当である。

他方、請求人提出の「平成29年11月16日作成メモ」と題する書面、「国税との話について」と題する書面、Q社取締役であるN4作成に係る「平成29年11月16日の状況報告書」（以下、これら請求人提出に係る3書面を「請求人提出書面」という。）は、本件各調査経過記録書の内容と矛盾する点は見当たらず、信用性は高く、とりわけ「平成29年11月16日作成メモ」が、同日の調査時に請求人本人がその場で書き取ったものであることからすると、その信用性は極めて高く、本件各調査経過記録書と相互に信用性を高め合っている。

(ロ)　そうすると、本件各調査経過記録書及び請求人提出書面上の記載に基づき、以下の事実が認められる。

A　本件相続税調査担当職員は、平成29年6月28日、税理士法人Uへ電話し、

本件相続税に係る請求人からの税務代理の委嘱の継続を確認した上で、本件相続税調査を行う旨伝え、日程調整を依頼した。

B　本件相続税調査担当職員は、平成29年7月12日、T1税理士とともに相続税の関与税理士であったT3税理士から、来る実地の調査において、被相続人の不動産管理について詳しい第三者の立会いを許可してほしい旨の申出を受けたが、守秘義務の関係から立会いは不可である旨、また、必要に応じて当日話を聞く可能性もあるので、連絡を取れるようにしてもらいたい旨伝えた。

C　本件所得税等調査担当職員は、T2税理士へ電話し、本件所得税等に係る請求人からの税務代理の委嘱の継続を確認した上で、平成29年7月21日、①実地の調査を実施する旨、②調査対象税目及び③調査対象期間を通知し、日程調整を行った。

D　本件相続税調査担当職員が、平成29年7月24日、Q社において、請求人ら及びT1税理士らと面接し、聴取調査及び現物確認調査を実施した。その際、請求人から、被相続人の関与税理士であったT4税理士が、被相続人名義の預金口座から出金した現金を不正に経費としていた節があるため、T4税理士に対する訴訟準備を進めている旨の説明があり、資料提供もあった。

E　本件相続税調査担当職員は、平成29年7月25日、T3税理士に対し、本件所得税等調査の参考資料として、前日の臨宅調査時に収集した資料をR税務署と共有することについて、請求人及びT2税理士の了承を取り付けるように依頼するとともに、T4税理士に対する訴訟の準備を進めていたT5弁護士に面接した。なお、同弁護士とは、物件の留め置き・返却や同弁護士からの問合せ等により、調査終了時まで数回にわたり接触があった。

F　本件所得税等調査担当職員は、平成29年8月30日、Q社において、請求人ら及びT2税理士と面接し、聴取調査及び現物確認調査を実施した。

G　本件相続税調査担当職員は、平成29年11月10日、本件所得税等調査担当職員に対し、相続税は評価減額で終了見込みであると伝えるとともに、T1税理士に対し、留め置いた物件の返却と現段階での調査状況について説明したいとして、請求人らとの日程調整を依頼した。

H　本件相続税調査担当職員は、平成29年11月16日、Q社において、請求人ら

及びT1税理士に対し、法令上の調査結果の内容説明ではないと述べた上で、現段階では評価誤りのみとなることを説明するとともに、平成27年分の所得税（譲渡所得）等について、措置法第39条を適用しているが、計算誤りがあることから、譲渡所得の取得費に加算される相続税額について差額が発生し、所得税が増加するが、詳細については本件所得税等調査担当職員から説明すると伝えた。

I　本件所得税等調査担当職員は、平成29年12月1日、T2税理士に対し、法令上の調査結果の説明ではないと断った上で、請求人らとの日程調整を依頼した。

J　本件所得税等調査担当職員は、平成29年12月5日、本件相続税の更正処分案に基づき、譲渡所得の取得費に加算される相続税額を計算した。

K　本件所得税等調査担当職員は、平成29年12月6日、Q社において、請求人ら及びT2税理士に対し、法令上の調査結果の説明ではないと断った上で、本件相続税の減額更正に基づき、相続税額が○○○○円に減額になること、ｅ町○-○の相続税評価額（借地権）が727,550,428円、ｅ町○-○ほかの相続税評価額（借地権）が1,878,440,341円になることから、譲渡所得の取得費に加算される相続税額が139,043,313円減少する旨説明した。

L　本件相続税調査担当職員は、平成29年12月8日、S国税局において、T1税理士に対し、法令上の調査結果の内容説明であると述べた上で、調査額や還付税額、R税務署から減額更正の通知書が送付される旨を説明し、請求人への説明を依頼した。

M　本件所得税等調査担当職員は、平成30年1月31日、Q社において、請求人ら及びT2税理士に対し、法令上の調査結果の内容説明を行った。

ハ　検討（当てはめ及び請求人の主張について）

(イ)　まず、本件相続税調査担当職員は、国税庁事務分掌規則第296条（平成13年国税庁訓令第1号）第1号及び第3号の定めにより、譲渡所得の調査事務についても、調査手続通達の1-3に定める「その調査を行う国税に関する事務に従事している者」に該当し、本件所得税等に関する質問検査権を有する。

(ロ)　次に、本件の場合、相続税と所得税の二重課税の防止等のためにも、本件各税務調査が連携して行われたことは適正かつ合理的であるところ、上記1の(4)

のハ、同(5)のロ及び上記(1)のロの㈣のA、C、D、F、H及びKないしMのとおり、事前通知が、本件相続税調査は平成29年6月28日、本件所得税等調査は同年7月21日、実地の調査着手が、本件相続税調査は同月24日、本件所得税等調査は同年8月30日、問題点の指摘が、本件相続税調査は同年11月16日、本件所得税等調査は同年12月6日、法令上の調査結果説明が、本件相続税調査は同月8日、本件所得税等調査は平成30年1月31日と並行して行われていることからも、請求人及びT2税理士において、本件各税務調査が連携して行われていることを承知していたものと認められ、上記4の(1)のロの㈣のEのとおり、請求人及びT2税理士とも、本件各税務調査相互に資料提供されることについても了解していたことがうかがわれる。

　また、上記1の(5)のイのとおり、請求人自身が本件所得税等の確定申告書に添付した各物件ごとの「譲渡所得の内訳書（確定申告書付表兼計算明細書）」の「お売りになった理由」欄に「納税資金のため」と記載していることからも、請求人が納税資金の捻出について気にかけていたことが認識できる状況の中で、本件各借地権設定契約の存在を知り得た相続税関与税理士立会いの下、相続税額の変動に伴い譲渡所得税額が必然的に変動するという当然の事柄について、法令の規定からおのずと算定することができるその具体的な金額を説明したとしても、税理士が法律上守秘義務を負っていることからすると、T1税理士から当該説明の内容が現実に第三者に流布されるなどして請求人の権利利益が侵害される可能性を直ちに想定し難い。現に、上記4の(1)のロの㈣のBのとおり、本件相続税調査担当職員は、税理士資格がなく法律上守秘義務を負わない第三者の立会いは認めていない。

　さらに、上記4の(1)のロの㈣のDのとおり、請求人が一連の本件相続税調査を通じて不信感をあらわにしていたのはT4税理士であって、T1税理士ではなかった。

　以上の事実を総合すれば、本件相続税調査担当職員が、平成29年11月16日の調査の際、T1税理士立会いの下、請求人に対し、詳細については本件所得税等調査担当職員から説明すると断った上で、譲渡所得の取得費加算額について言及したことは、請求人の私的利益との衡量において社会通念上相当な限度にとどまるものと認められる。

ニ　小括

　　以上のとおり、本件相続税調査担当職員は、本件所得税等の質問検査権を有している上、本件所得税等の税務代理権限がない税理士の立会いの下で、請求人に対し、本件所得税等について修正申告が必要な理由及び具体的金額等を説明した行為が、通則法第126条及び国家公務員法第100条第１項に規定する守秘義務違反に当たることもないから、本件各税務調査の手続に原処分を取り消すべき違法事由は認められず、これがあるとする請求人の主張は採用できない。

(2)　争点２（本件更正処分の理由の提示に不備があるか否か。また、原処分庁の理由の差替えは許されるか否か。）について

　イ　法令解釈

　　　行政手続法第14条第１項本文が、不利益処分をする場合に同時にその理由を名宛人に示さなければならないとしているのは、名宛人に直接に義務を課し又はその権利を制限するという不利益処分の性質に鑑み、行政庁の判断の慎重と合理性を担保してその恣意を抑制するとともに、処分の理由を名宛人に知らせて不服の申立てに便宜を与えるという趣旨に出たものと解されることから、当該処分の理由が、上記の趣旨を充足する程度に具体的に明示するものであれば、同項本文の要求する理由の提示として不備はないものと解するのが相当である。

　　　また、理由提示の上記趣旨からすれば、原処分庁が更正通知書に記載した理由と異なる理由を審査請求において差し替えて提出することは、これを認めたのでは、理由提示制度を全く無意義ならしめるような場合、又は、これを認めることが納税者の正当な利益を害するような特段の事情がある場合に許されないものと解するのが相当である。

　ロ　当てはめ

　　　本件更正処分に係る更正通知書（以下「本件通知書」という。）には、別紙２のとおり、本件更正処分の理由として、①本件借地権設定契約１により借地権が設定された土地は別表３－３の本件建物１の敷地に係る「地番」欄及び「地積」欄に記載の土地（以下「本件土地１」といい、本件借地権設定契約１により本件土地１に設定された借地権を「本件借地権１」という。）であり、本件借地権設定契約２により借地権が設定された土地は同表の本件建物２の敷地に係る「地番」欄及び「地積」欄に記載の土地（以下「本件土地２」といい、本件借地権設

定契約2により本件土地2に設定された借地権を「本件借地権2」という。また、本件土地1及び本件土地2を「本件各土地」といい、本件借地権1及び本件借地権2を「本件各借地権」という。）である、②本件相続税更正処分により本件相続税に係る本件各土地の評価額並びに課税価格及び相続税額に異動が生ずる、③本件譲渡所得金額の計算上の取得費加算額の計算の基礎となる本件各土地の相続税評価額は、本件各土地の本件相続税更正処分における評価額に100分の○○を乗じた金額となるなどとする旨が記載されている。

上記の本件通知書の記載内容からすれば、本件譲渡所得金額の計算において、本件各借地権の相続税評価額を土地全体の相続税評価額の100分の○○の割合に相当する金額であるとした上、取得費加算額の算定を行っていることが分かるから、行政庁の判断の慎重と合理性を担保してその恣意を抑制するとともに、処分の理由を名宛人に知らせて不服の申立てに便宜を与えるという行政手続法第14条第1項本文の趣旨に照らし、同項本文の要求する理由の提示として欠けるものではないというべきであり、本件通知書の理由の提示に不備はない。

また、原処分庁は、本審査請求において、本件特例の適用要件である具体的事実については従前の主張を変更しておらず、措置法施行令第25条の16第1項第2号所定の「譲渡をした資産の当該課税価格の計算の基礎に算入された価額」の計算方法という法的評価に関する主張を変更したにすぎないから、原処分庁の当該理由の差替えは、これを認めたのでは理由提示制度を全く無意義ならしめるような場合、又は、これを認めることが納税者の正当な利益を害するような特段の事情がある場合とも認められない。

ハ 請求人の主張について

(イ) 請求人は、上記3の(2)の「請求人」欄のイのとおり、本件更正処分の理由には、本件各土地の相続税評価額に○○％を乗じた金額を基として計算する理由についての記載がなく、本件更正処分には、理由の提示に不備がある旨主張する。

しかしながら、本件更正処分の理由の提示については、上記ロのとおり、行政手続法第14条第1項本文の要求する理由の提示として欠けるものではないから、請求人の主張は採用できない。

(ロ) また、請求人は、上記3の(2)の「請求人」欄のロのとおり、原処分庁が、取

得費加算額の計算に関し、新たな事実関係が生じていないにもかかわらず、本件更正処分で貸家建付地としての評価額に〇〇％を乗じた価額としていたのを答弁書では貸家建付借地権評価額と変更したということは、本件通知書に記載された理由に誤りがあったことの表れであり、理由の提示に不備がある旨主張する。

　しかしながら、本件更正処分の理由の提示それ自体として不備がないこと、及び本件における理由の差替えは本件各借地権の取得費加算額の計算における評価を修正するものにすぎず、請求人に不利益を与えるものではないことについては上記ロのとおりであって、不備の認められない理由の提示について、その後理由が差し替えられたからといって、元々の理由の提示が不備のあるものとなるわけではないから、請求人の主張は採用することができない。

(3)　争点3（本件譲渡所得金額の取得費加算額の計算上「当該譲渡をした資産の当該課税価格の計算の基礎に算入された価額」はいくらか。）について

イ　法令解釈

　(イ)　本件特例は、一定の要件に該当する場合に、例外的な措置として、相続税を取得費として加算することを認めるものであるところ、これは、相続人が相続税の納税のため相続財産を処分しなければならない場合、その財産の処分に際して、その処分をした者に対し、被相続人の所有期間に生じたキャピタルゲインを含めて所得税を課税する（被相続人の取得価額に基づいて譲渡所得を計算する）ことから、当該納税者の負担感が強くなるという問題に対処するため、政策的な見地から、相続財産の処分をした場合、譲渡所得の計算上、譲渡した相続財産に対応する部分の相続税額を取得費に準じて加算することを認めた趣旨のものと解される。

　かかる本件特例の趣旨からすれば、本件特例は、譲渡した相続財産に対応する部分についてのみ取得費加算を許容したものと解すべきであり、その部分を超えてまで加算を認めるものではない。

　(ロ)　また、本件特例には、相続税課税時には1つの資産として評価された土地について、譲渡所得課税の対象となる当該土地の貸付け（借地権の設定）が行われた場合の取得費加算額の具体的な計算方法についてまでは明記されていないものの、その本文に「譲渡所得の基因となる不動産の貸付けを含む」と記載さ

れているとおり（上記１の(2)のハの(イ)）、譲渡所得課税の対象となる土地が貸し付けられた場合も同条の定める算定方法により取得費加算額を計算することを前提としていることは明らかである。

　　そうすると、本件のように、相続税課税時には１つの資産として評価された土地について借地権が設定された場合、その取得費加算額は、譲渡所得課税の対象とされた当該借地権が、相続財産の課税価格の計算の基礎に算入された当該土地のうちに占める割合を考慮して算定することが相当である。

ロ　認定事実

　　請求人提出資料、原処分関係資料並びに当審判所の調査及び審理の結果によれば、以下の事実が認められる。

　(イ)　措置法施行令第25条の16第１項にいう「当該譲渡をした資産」は、本件各借地権である。

　(ロ)　本件各借地権が本件各土地の全体に占める割合は○○％である。

ハ　検討

　(イ)　本件においては、上記ロの(ロ)のとおり、本件各借地権が本件各土地の全体に占める割合は○○％であることに加え、上記１の(3)のホのとおり、本件各土地周辺地域の借地権割合も○○％であることも併せ考慮すれば、本件各借地権設定契約により譲渡したものとみなされる本件各借地権の権利は、本件各土地の権利の○○％相当分に当たるものと認められる。

　　　ところで、本件相続税更正処分においては、相続税の課税価格の計算の基礎に算入された本件各土地の評価額は、自用地としての評価額ではなく、貸家建付地として評価された金額であるところ、これは相続税の課税価格の計算上、本件各土地の評価額を貸家建付地として減額しているだけであって、本件各土地そのものであることには変わりはない。

　　　したがって、措置法施行令第25条の16第１項に規定される「譲渡をした資産の当該課税価格の計算の基礎に算入された価額」として本件各借地権が本件各土地のうちに占める価額は、本件各土地が相続税の課税価格の計算の基礎に算入された価額すなわち貸家建付地評価額に本件各借地権の占める割合である○○％を乗じた価額とするのが相当である。

　(ロ)　そうすると、本件各借地権が本件各土地の相続税課税価格のうちに占める価

額は、別表5-1の「①」欄のとおり、本件借地権1について1,878,440,342円、本件借地権2について727,550,428円となり、これを前提に算定した取得費加算額は、同表「④」欄のとおりとなる。

ニ　請求人の主張について

請求人は、本件各土地に借地権を設定したのであるから、措置法施行令第25条の16第1項第2号所定の「譲渡をした資産」は、本件各土地の自用地としての価額に借地権割合の○○％を乗じた金額となるのであって、当該金額は、本件各土地の相続税評価額（貸家建付地評価額）を上回ることとなるから、結局、「譲渡をした資産の当該課税価格の計算の基礎に算入された価額」は、本件各土地の相続税評価額（貸家建付地評価額）の全額となる旨主張する。

しかしながら、措置法施行令第25条の16第1項が定める「当該譲渡した資産の当該課税価格の計算の基礎に算入された価額」とは、上記ハの(イ)のとおり、本件各土地の相続税評価額（貸家建付地評価額）に本件各土地のうち譲渡した資産の割合を乗じた価額となるのであって、譲渡された本件各借地権に対応する部分を超えて、つまり、譲渡していない所有権（底地）に係る部分についてまで加算を認めることはできないのであるから、請求人の主張は採用できない。

ホ　原処分庁の主張について

原処分庁は、本件各借地権設定契約により所得税法上譲渡したものとみなされる各借地権は、建物賃借権による制約を除いた部分の金額が、「譲渡をした資産の当該課税価格の計算の基礎に算入された価額」となるのであるから、その価額は、貸家建付借地権の評価額となる旨を主張している。

しかしながら、相続税の課税価格の計算の基礎に算入された評価額を前提とせず、別個独立に譲渡された資産の評価を行うことは法令の規定上適正ではない。

したがって、原処分庁の主張も採用できない。

(4)　本件更正処分の適法性について

上記(3)のとおり、請求人の本件譲渡所得金額の計算上の取得費加算額を計算すると、別表5-1の「④」欄の金額となり、本件更正処分の金額（別表4-3の「⑧」欄参照）と同額となる。

また、本件各借地権設定契約及び本件各建物売買契約に係る各契約書（以下「本件各契約書」という。）について、本件各契約書に貼付された印紙代（本件借地権

設定契約書1につき○○○○円、本件借地権設定契約書2につき○○○○円、本件建物売買契約1に係る契約書につき○○○○円、本件建物売買契約2につき○○○○円）が生じていることは本審査請求において明らかであり、同金額は、本件各借地権設定契約及び本件各建物売買契約に係る分離長期譲渡所得の金額の計算上、譲渡費用として控除すべきである。

以上に基づいて、請求人の本件所得税等に係る分離長期譲渡所得の金額を計算すると、○○○○円（別表5-2の「⑤」欄参照）となり、これに基づき計算した請求人の本件所得税等の納付すべき税額は○○○○円（別表5-3の「審判所認定額B」欄の「⑭」欄参照）で原処分の金額○○○○円（同表の「原処分の額A」欄の「⑭」欄参照）を下回るから、本件更正処分は、その一部を別紙1の「取消額等計算書」のとおり取り消すべきである。

なお、本件更正処分のその他の部分については、請求人は争わず、当審判所に提出された証拠資料等によっても、これを不相当とする理由は認められない。

(5) 本件賦課決定処分の適法性について

上記(4)のとおり、本件更正処分はその一部を取り消すべきであるから、過少申告加算税の賦課決定処分の基礎となる税額は、○○○○円（別表5-3の「審判所認定額B」欄の「⑮」欄参照）となる。

また、当該税額の計算の基礎となった事実が本件更正処分前の税額の計算の基礎とされていなかったことについて、正当な理由があるとは認められない。

したがって、請求人の過少申告加算税の額は、○○○○円（別表5-3の「審判所認定額B」欄の「⑯」欄参照）となり、本件賦課決定処分の金額を下回ることから、本件賦課決定処分は、その一部を別紙1の「取消額等計算書」のとおり取り消すべきである。

(6) 結論

以上によれば、審査請求には理由があるから、原処分の一部を取り消すこととする。

別表1-1　本件各相続土地の明細（省略）

別表1-2　本件各相続建物の明細（省略）

別表2-1　本件各相続土地の分筆等状況（省略）

別表2-2　本件各相続土地の合筆等状況（省略）

別表3-1　本件相続税の課税の経緯（省略）

別表3-2　本件相続税訂正申告書における本件建物1の敷地及び本件建物2の敷地の評価額（省略）

別表3-3　本件相続税更正処分における本件建物1の敷地及び本件建物2の敷地の評価額（省略）

別表4-1　本件所得税等の課税の経緯（省略）

別表4-2　本件所得税等に係る分離長期譲渡所得の金額の計算（省略）

別表4-3　本件譲渡所得金額の計算上の取得費加算額の計算（省略）

別表4-3付表1　別表4-3の本件借地権設定契約1に係る⑨欄の金額の計算明細（省略）

別表4-3付表2　別表4-3の本件借地権設定契約2に係る⑨欄の金額の計算明細（省略）

別表5-1　本件譲渡所得金額の計算上の取得費加算額の計算（審判所認定額）（省略）

別表5-2　本件所得税等に係る分離長期譲渡所得の計算（審判所認定額）（省略）

別表5-3　本件所得税等の所得金額及び納付すべき税額（審判所認定額）（省略）

別紙1　取消額等計算書（省略）

別紙2　本件更正処分等の通知書の理由の提示（省略）

三　相続税法関係

〈令和元年7月分から令和元年9月分〉

事例6 （贈与事実の認定　預貯金等）

被相続人名義の口座に入金された金員の合計額の一部は、請求人らの亡父から贈与
されたものではなく、贈与により取得した財産には当たらないと判断した事例（平成
26年分の贈与税の決定処分・一部取消し・令和元年9月24日裁決）

《ポイント》

本事例は、被相続人名義の口座に入金された金員の合計額の一部については、その
原資は請求人らの亡父の預金口座から同人の意思に基づき出金された金員であると認
められ贈与により取得した財産に当たるが、その余の金員の原資は請求人らの亡父に
帰属していたとは認められず、贈与により取得した財産には当たらないと判断したも
のである。

《要旨》

原処分庁は、被相続人（本件被相続人）名義の口座（本件被相続人口座）に入金され
た金員の合計額（本件金員）は、請求人らの亡父が本件被相続人に贈与したものである
から、相続税法（平成27年法律第9号による改正前のもの）第2条の2《贈与税の課税
財産の範囲》第1項に規定する贈与により取得した財産に当たる旨主張し、請求人らは、
請求人らの亡父が本件被相続人に本件金員を贈与する旨の意思表示をしたとする客観的
証拠はないことから、本件金員は、同項に規定する贈与により取得した財産に当たらな
い旨主張する。

しかしながら、本件金員の一部については、その原資が請求人らの亡父の預貯金から
同人の意思に基づき出金された金員であり、本件被相続人口座に当該出金された金員と
同額が入金された後に本件被相続人口座から本件被相続人の老人ホームの利用料が支払
われていることなどから、同項に規定する贈与により取得した財産に当たるが、本件金
員から左記の贈与により取得したと認められる金員を差し引いた残部については、その
原資が請求人らの亡父に帰属していたと認めることはできないことから、同項に規定す
る贈与により取得した財産に当たらない。

（令和元年9月24日裁決）

《裁決書（抄）》

1 事　実

(1) 事案の概要

　本件は、原処分庁が、被相続人Ｋ（以下「本件被相続人」という。）がその配偶者であるＪから贈与により金銭を取得しており、Ｊが本件被相続人の死亡により本件被相続人の贈与税の納税義務を承継したとして、Ｊに対し贈与税の決定処分等を行ったのに対し、Ｊの相続人である審査請求人Ｇ及び同Ｌ（以下「請求人Ｇ」及び「請求人Ｌ」といい、2名を併せて「請求人ら」という。）が、本件被相続人はＪから贈与により金銭を取得していないなどとして、その全部の取消しを求めた事案である。

(2) 関係法令等

　イ　相続税法等

　　(イ)　贈与税の納税義務者等について

　　　A　相続税法（平成27年法律第9号による改正前のもの。以下同じ。）第1条の4《贈与税の納税義務者》第1号は、贈与により財産を取得した個人で当該財産を取得した時においてこの法律の施行地に住所を有する者には、同法により贈与税を納める義務がある旨規定し、同法第2条の2《贈与税の課税財産の範囲》第1項は、その者が贈与により取得した財産の全部に対し、贈与税を課す旨規定している。

　　　B　相続税法基本通達1の3・1の4共－8《財産取得の時期の原則》は、贈与による財産取得の時期について、書面によるものについてはその契約の効力の発生した時、書面によらないものについてはその履行の時とする旨それぞれ定めている。

　　(ロ)　贈与税の非課税財産について

　　　A　相続税法第21条の3《贈与税の非課税財産》第1項第2号は、扶養義務者相互間において生活費又は教育費に充てるためにした贈与により取得した財産のうち通常必要と認められるものの価額は、贈与税の課税価格に算入しない旨規定している。

　　　B　相続税法基本通達21の3－3《「生活費」の意義》は、相続税法第21条の

３第１項第２号に規定する「生活費」とは、その者の通常の日常生活を営むのに必要な費用（教育費を除く。）をいい、治療費、養育費その他これらに準ずるもの（保険金又は損害賠償金により補てんされる部分の金額を除く。）を含むものとして取り扱うものとする旨定めている。

C　相続税法基本通達21の３－５《生活費及び教育費の取扱い》は、相続税法第21条の３第１項の規定により生活費又は教育費に充てるためのものとして贈与税の課税価格に算入しない財産は、生活費又は教育費として必要な都度直接これらの用に充てるために贈与によって取得した財産をいうものとする旨定めている。

D　相続税法基本通達21の３－６《生活費等で通常必要と認められるもの》は、相続税法第21条の３第１項第２号に規定する「通常必要と認められるもの」は、被扶養者の需要と扶養者の資力その他一切の事情を勘案して社会通念上適当と認められる範囲の財産をいうものとする旨定めている。

ロ　民法

(イ)　民法（平成29年法律第44号による改正前のもの。以下同じ。）第549条《贈与》は、贈与は、当事者の一方が自己の財産を無償で相手方に与える意思を表示し、相手方が受諾をすることによって、その効力を生ずる旨規定している。

(ロ)　民法第550条《書面によらない贈与の撤回》は、書面によらない贈与は、各当事者が撤回することができるが、履行の終わった部分については、この限りではない旨規定している。

ハ　国税通則法

国税通則法（平成27年法律第９号による改正前のもの。以下「通則法」という。）第５条《相続による国税の納付義務の承継》第１項は、相続があった場合には、相続人は、その被相続人に課されるべき、又はその被相続人が納付し、若しくは徴収されるべき国税を納める義務を承継する旨規定しており、同条第２項は、相続人が二人以上あるときは、各相続人が承継する国税の額は、民法第900条から第902条まで《法定相続分・代襲相続人の相続分・遺言による相続分の指定》の規定によるその相続分によりあん分して計算した額とする旨規定している。

(3)　基礎事実及び審査請求に至る経緯

当審判所の調査及び審理の結果によれば、以下の事実が認められる。

イ　本件被相続人（昭和○年○月○日生）とＪ（昭和○年○月○日生）は、それぞれ前夫・前妻と死別し、平成2年4月7日に婚姻した。

　　Ｊは前妻との間に請求人ら二子がおり、本件被相続人は前夫との間にＭがいた。

ロ　平成26年11月17日から同月26日までの間、Ｎ銀行の本件被相続人名義の○○○○口座（○○○○。以下「本件被相続人口座」という。）に合計○○○○円の入金があり（以下、その入金された○○○○円を「本件金員」という。）、他方、Ｐ銀行○○支店のＪ名義の○○口座（○○○○。以下「本件JP口座」という。）及びＮ銀行のＪ名義の○○口座（○○○○。以下「本件JN口座」といい、本件JP口座と併せて「本件Ｊ○○口座」という。）から合計○○○○円の出金があった。上記入出金の状況は、別表1のとおりである。

ハ　本件被相続人及びＪは、平成26年12月1日、Ｑ社との間で、入居者を本件被相続人及びＪ、身元引受人をＭ、入居施設を介護付有料老人ホームＲ（以下「Ｒ」という。）とする入居契約（以下「本件入居契約」という。）を締結し、同日、Ｒに正式入居した。

ニ　本件入居契約において、Ｒの利用料（以下「Ｒ費用」という。）は月払方式及び口座振替が選択され、本件被相続人のＲ費用については本件被相続人口座が、ＪのＲ費用については本件JN口座が、それぞれ振替口座として指定された。また、本件入居契約において、Ｒに入居するための保証金として、入居までに1,200,000円（一人当たり600,000円）を支払うことが定められていた。

ホ　本件被相続人は、平成27年10月○日に死亡し、その相続（以下「本件相続」という。）が開始した。

　　本件被相続人の相続人は、Ｊ及びＭの2名である。

ヘ　Ｊは、平成27年12月21日、後見相当と診断され、平成28年3月18日から、介護サービス費の振込みが開始され、平成28年4月28日、その成年後見開始の裁判が確定し、請求人Ｇが成年後見人に選任された。

ト　Ｊ及びその法定代理人成年後見人である請求人Ｇは、平成29年7月31日付で、Ｍに対し、本件金員を含む本件被相続人の遺産の2分の1の支払を求め、不当利得返還請求訴訟（以下「本件訴訟」という。）を提起した。

チ　原処分庁所属の調査担当職員（以下「本件調査担当職員」という。）は、平成29年8月2日、Ｊの成年後見人である請求人Ｇに対し、平成29年8月31日、Ｍに

対し、それぞれ本件相続に係る相続税の実地の調査の事前通知を行った。また、本件調査担当職員は、平成29年9月11日、Mに対し質問調査を行ったところ、Jから本件被相続人に対する贈与の疑義が生じたことから、同日、Mに対し、事前通知事項に加え、贈与税に係る質問調査を行い、平成29年11月21日、請求人Gに対しても、贈与税の調査を行う旨通知した。

リ　本件調査担当職員は、本件被相続人はJから贈与により本件金員を取得しており、相続人は本件被相続人の国税の納付義務を承継しているとして、平成29年12月5日、Mに対し、平成29年12月18日、Jの成年後見人である請求人Gに対し、それぞれ本件被相続人に係る平成26年分の贈与税の期限後申告を勧奨したが、請求人Gは、平成30年2月5日、本件訴訟において、本件金員の2分の1の返還及び本件被相続人の遺産から本件金員を控除した残額の2分の1の返還を求める請求を主位的請求として追加し、期限後申告書を提出しなかった。

ヌ　原処分庁は、Jに対し、平成30年2月27日付で、別表2の「本件決定処分等」欄のとおり、本件被相続人に係る平成26年分の贈与税の決定処分（以下「本件決定処分」という。）及び無申告加算税の賦課決定処分（以下、これらの処分を併せて「本件決定処分等」という。）を行った。

ル　Jは、平成30年4月○日に死亡した。Jの相続人は請求人らであり、請求人らは、同日、国税の納付義務を含むJの権利義務を承継した。

ヲ　請求人らは、平成30年5月23日、本件決定処分等を不服として再調査の請求をしたところ、再調査審理庁は、平成30年9月7日付で、いずれも棄却の再調査決定をした。

ワ　請求人らは、再調査決定を経た後の本件決定処分等に不服があるとして、平成30年10月3日、それぞれ審査請求をするとともに、請求人Gを総代として選任し、その旨を当審判所に届け出た。

カ　原処分庁は、平成31年4月24日付で、上記ヌの無申告加算税の賦課決定処分について、無申告加算税の額の計算に誤りがあったとして、別表2の「変更決定処分」欄のとおりとする変更決定処分をした（以下、変更決定処分後の当該賦課決定処分を「本件賦課決定処分」という。）。

2　争　点

(1)　本件金員は、相続税法第2条の2第1項に規定する「贈与により取得した財産」

に当たるか否か（争点1）。

(2) 本件金員が贈与により取得した財産に当たる場合、本件金員は、相続税法第21条の3第1項第2号に規定する贈与税の非課税財産に当たるか否か（争点2）。

3 争点についての主張

(1) 争点1（本件金員は、相続税法第2条の2第1項に規定する「贈与により取得した財産」に当たるか否か。）について

原処分庁	請求人ら
イ　Jと本件被相続人との間において、本件金員を贈与する旨の贈与契約書の存在は認められないものの、Mの申述は、①本件J○○口座から計○○○○円の出金があること、②本件金員が本件被相続人口座に入金されたこと、③①及び②の入出金に係る手続はJ及びMの2名で行われたこと、④本件被相続人口座からR費用が引き落とされていること並びに⑤本件被相続人の年金収入だけではR費用が不足していたことなどの事実関係と矛盾なく整合するから、平成26年8月から同年11月17日までには、Jと本件被相続人との間で本件金員の贈与契約が成立したと認められる。	イ　本件金員に係る贈与契約書は存しておらず、ほかにJが本件被相続人に本件金員を贈与する旨意思表示をしたとする客観的な証拠はない。
ロ　平成26年10月のJ及び本件被相続人には、何らかの○○症は認められるものの、日常生活において自立できる又は自立していると認められているから、意思能力がなかったとはいえない。	ロ　平成26年11月17日ないし同月26日頃のJ及び本件被相続人は、日常生活に支障を来たす程度の○○機能の低下があり、Jが本件被相続人に本件金員を贈与する旨の意思表示があったとすることは困難である。

ハ　①本件被相続人口座は本件被相続人の年金入金口座であるところ、本件金員が入金される直前の本件被相続人口座の残高は261,178円であり、ほかの本件被相続人名義の預金口座残高は、平成20年以降、大きな変動はないこと、②J及び本件被相続人がRに入居するに当たり両人の財産を管理することになったMが、本件7,500,000円の原資はJのたんす預金であり、Jは金融機関の倒産を心配し現金を手もとに置いていたが、本件被相続人は多額の現金を手もとに置くことはなかった旨を申述していること並びに③請求人らは、本件7,500,000円の原資のうち、本件被相続人に帰属する金額は特定できない旨を申述していることからすれば、本件7,500,000円の原資は、Jに帰属するものであったと推認される。

ニ　本件被相続人の年金収入は年間約○○○○円であるところ、本件被相続人名義の預貯金口座の残高の合計額は、当該年金収入とおおむね同額又はそれ以上の金額が増加していることからすれば、少なくとも、平成22年11月16日以降、本件被相続人の収入を原資とする現金が自宅に保管されていたとは認められない。

ハ　本件7,500,000円の原資がJに帰属するものか否かは不明である。

ニ　本件被相続人名義の預貯金残高の推移に関する原処分庁の主張は、本件被相続人名義の預貯金口座から多額の出金がなかった可能性を示すにすぎず、本件被相続人が多額の現金を所持していなかったことの理由にならない。むしろ、1年の間で約6,300,000円という預貯金の増加は、本件被相続人の年間の年金収入約○○○○円を上回っているから、逆に本件被相続人が現金を所

	持していた可能性を示唆する事実である。
ホ 本件JP口座から10,000,000円が平成25年5月16日に出金されているものの、その他の金融機関への預替えはないことからすれば、Jが本件7,500,000円の原資となった現金を自宅において保管していたと認めるのが自然である。	ホ 本件JP口座から10,000,000円が平成25年5月16日に出金されたのは、本件被相続人口座に本件7,500,000円が入金された平成26年11月17日の約1年半も前の出来事であって、Jが当該10,000,000円を自宅に保管していたことを示す客観的証拠はない以上、直ちに当該10,000,000円が本件7,500,000円の原資とはいえない。
	ヘ ①本件被相続人は、平成26年11月16日の時点において、総額約28,000,000円の預貯金残高を有していたこと、②本件被相続人のR入居時の要支払額は600,000円であり、預貯金の範囲で支払うことが可能であったこと及び③R費用の支払方法は預貯金口座からの自動振替（毎月）であり、本件被相続人の費用を含めて本件JN口座からの自動振替にすれば、平成26年11月に本件金員を本件被相続人に贈与する必要はなかった。
	ト 贈与税についての知識があったJが、高額の贈与税を本件被相続人に負担させてまで本件金員を本件被相続人に贈与する必要性はなかった。

(2) 争点2（本件金員が贈与により取得した財産に当たる場合、本件金員は、相続税法第21条の3第1項第2号に規定する贈与税の非課税財産に当たるか否か。）につ

いて

請求人ら	原処分庁
①本件被相続人口座からR費用が引き落とされていたこと、②本件被相続人はR入居時に〇歳と高齢であり要介護状態にあったこと、③Jも要支援状態にあり自宅で本件被相続人と生活できなくなっていたこと、④RにはJ及び本件被相続人が要介護等認定を受け両人で入居することとなったこと並びに⑤Rは介護の目的を超えた華美な施設ではなく、要介護状態にあった本件被相続人が生活するのに必要最小限度のものであったと認められることからすれば、本件金員は、介護を必要とする本件被相続人の生活費に充てられるために通常必要と認められるものであるから、相続税法第21条の3第1項第2号に規定する贈与税の非課税財産に当たる。	①平成26年11月16日における本件被相続人名義の預貯金残高から、Rに入居するために必要な当面の資金を有していたと認められること、②本件金員は、本件被相続人の毎月の生活費約200,000円を基に本件被相続人が〇歳までRに入居すると仮定した場合に将来的に不足すると見込まれる本件被相続人の生活費の合計額に相当する金額であること、③本件金員は、平成26年11月17日から同月26日にJから本件被相続人口座に入金されたこと及び④③の入金額に見合ったR費用の支払が直ちになされたとは認められないことを勘案すると、本件金員は、生活費として必要な都度、直接これに充てるために贈与によって取得した財産には該当せず、「通常必要と認められるもの」に当たらないから、相続税法第21条の3第1項第2号に規定する贈与税の非課税財産に当たらない。

4 当審判所の判断

(1) 争点1（本件金員は、相続税法第2条の2第1項に規定する「贈与により取得した財産」に当たるか否か。）について

イ 法令解釈

相続税法第1条の4第1号及び同法第2条の2第1項は、贈与により財産を取得した個人が、当該財産を取得した時において国内に住所を有する者である場合には、贈与により取得した財産の全部に対して贈与税を課する旨規定している。

この場合の贈与の意義については、相続税法上明確な定義はなく、民法第549条に規定する贈与をいうものと解される。そして、同条においては、贈与の効力は、当事者の一方が自己の財産を無償で相手方に与える意思を表示し、相手方がそれを受諾することによって生ずる旨規定している。

そして、双方の意思は、必ずしも書面により表示されることを要さず、他の証拠によってそれらの意思を証明し得れば足りるものと解されているほか、書面によらない贈与は、履行が終わった部分については撤回することができないとされている。

ロ　認定事実

請求人ら提出資料、原処分関係資料並びに当審判所の調査及び審理の結果によれば、以下の事実が認められる。

(イ)　本件JP口座から、平成25年5月16日、10,000,000円が出金された。

(ロ)　別表1の入出金は、いずれも現金で行われている。

(ハ)　別表1のとおり、本件JP口座からの平成26年11月19日の○○○○円の出金は、同日午後零時10分に、P銀行○○支店の窓口で行われているところ、その際作成された出金伝票には、「○才、チェックシート済、老人ホーム費用、○○へ」と手書きで付記され、担当者の印鑑が押されている。上記チェックシートとは、当時既に高齢者が特殊詐欺の被害に遭うことを防止するため、金融機関において行われていた、使途確認のためのチェックシートのことである。また、P銀行における顧客の窓口での折衝経過を入力するシステムに、当該出金に関して、「夫婦で老人ホームに入居するための引出し」という趣旨の入力があった。

(ニ)　別表1のとおり、本件被相続人口座への平成26年11月19日の合計○○○○円の入金は、午後零時53分及び午後零時54分に、Sの窓口で行われているところ、P銀行○○支店とSとの間の距離は直線距離で約870メートルである。

(ホ)　R費用は、本件被相続人分とJ分を合わせて月額575,000円（消費税及び地方消費税相当額を除く。）であるところ、平成27年2月27日から同年9月28日までの間、本件被相続人口座から8回にわたり振り替えられた本件被相続人のR費用の総額は2,617,930円であり、これを月額に換算すると約327,240円（≒2,617,930円÷8か月）である。

ハ　関係人の供述

（イ）　Mの供述について

A　Mは、平成29年9月11日、本件調査担当職員に対し、要旨以下のとおり申述した。

平成26年11月17日から同月26日の間に、本件被相続人口座に入金した合計○○○○円の原資は、Jのタンス預金○○○○円と本件JP口座から出金した○○○○円であり、その手続は、Jと私の二人で行った。

私は、R費用として一人につき月300,000円くらいかかると見込んでいた。二人の年金は月○○○○円程ずつだったので、それぞれ○○○○円程足りず、本件被相続人とJがRに○歳まで入居するためには、一人当たり約20,000,000円が必要だと思っていた。

Jが本件被相続人のR費用として必要となる○○○○円を出したいと言い出した。

B　Mは、平成30年7月20日、再調査審理庁所属の再調査担当職員に対し、要旨以下のとおり申述した。

本件被相続人とJは、平成26年8月頃から、二人で生活するのが難しくなり、老人ホームへ入居することにした。Rは本件被相続人が特に気に入ったが、年金で利用するには費用が不足することが問題だった。今後のことを考えると、一人○○○○円は準備する必要があるだろうという私の考えを伝えたところ、Jが自分は60,000,000円の資産があると言った。それを聞いた本件被相続人は、そんなに財産があるのになぜ希望をかなえてくれないのだ、希望をかなえてくれないなら離婚すると騒ぎ出し、隣家に駆け込む事態になった。やむを得ず私が請求人Gを呼び、資金繰りについて検討し、Jが本件被相続人に今後の生活費として○○○○円をあげるということになった。

一部本件JN口座のお金で補填した部分もあるが、Jのタンス預金○○○○円と本件JP口座の○○○○円で本件被相続人の入居資金○○○○円とJの入居資金○○○○円を用意した。Jの資金は○○○○円に足りないが、いずれJの所有する株を売却して資金とする予定だった。

私は、J及び本件被相続人がRに入居するまでは二人の財産管理はしておらず、二人がRに入居するに当たって二人の預貯金通帳と実印を預かった。

二人は、自分の財産は自分で管理するというスタイルで、老人ホームへの入居の話が出るまで、お互いにどのくらい財産を持っているかは秘密だったようである。私は本件被相続人の財産は大体把握していたが、Ｊの財産は、退職金が30,000,000円だったとか、株購入のために現金出金をしたとか、手もとに現金が10,000,000円とか20,000,000円あるとか聞いていたくらいで、具体的な内容は知らなかった。Ｊは金融機関の倒産を心配して多額の現金を手もとに置いていたようであるが、どこに保管していたのかは知らない。本件被相続人は多額の現金を手もとに置くことはせず、必要なときに必要な分を出金していた。

C　Ｍが本件訴訟に提出した平成30年11月13日付陳述書の内容は、要旨以下のとおりである。

本件被相続人は、平成26年11月頃、Ｊに対し、Ｒ費用の工面を依頼した。Ｊは当初お金を出すことを渋っていたが、請求人Ｇや親戚を交えて説得した結果、○○○○円なら贈与するということで決着した。請求人Ｇは、「親が自分のお金でホームの費用をまかなってくれるのは子としてもありがたいこと」と言っていた。

その翌日には振込手続を開始した。Ｊが、私を連れて窓口で振込みの趣旨を話したところ、金額も大きく奥の応接室に通された。銀行の担当者が三人も来てＪに何度も目的を確認していた。Ｊは自分と妻が同時に施設に入居するからその費用として振り込むと説明していた。その際、出金伝票は、銀行員の了解を得て私が記載した。

平成27年12月９日、請求人Ｇから電話があり、本件被相続人の葬儀費用がＪの口座から支払われていない、本件被相続人の遺産の内容を確認したいと言ってきた。

㈹　請求人Ｇの供述について

A　請求人Ｇが本件訴訟に提出した平成30年９月27日付陳述書の内容は、要旨以下のとおりである。

平成26年９月30日、実家での夕食後、Ｊから、本件被相続人と二人でリハビリのできる施設に入る気持ちがある、自分たちのお金で施設に入るので、経済的負担は掛けないと話があった。本件被相続人は、家、土地、相続分な

ど自分の分が欲しい、Mや、実家の隣に住む私の実母の兄に立ち会ってもら
ってとか、弁護士さんを頼むとか、Jの面前で言い出した。私は、何の目的
でこの家に来たのかという思いで本件被相続人の言葉を聞いていた。本件被
相続人が、私に、もし自分がダメになったらJをこの家で看てくれるのかと
聞くので、私が「少し手を入れて介護できるようにトイレや風呂を直さない
と私一人では気持ちはあっても体力的にどうにもならない」と答えたところ、
Jは「（亡くなった母の長兄である）おじちゃんの形見の家だからこのまま
にしておきたいのだ」と言っていた。

　平成26年10月17日午後零時過ぎ頃にMから電話があり、Jと本件被相続人
が離婚することになったから、すぐに実家に来てくれとのことだった。実家
に着くと、亡くなった私の実母の兄夫婦が「なんだか離婚すると言っている
のよ」とオロオロしていた。Mによると、その前日の晩、Jが、入居予定の
施設について「高過ぎる、年金で払える範囲のところにしてくれ、この先も
お金がかかることもあるだろうし、何があるか分からないから」と言ったと
のことだった。すると、本件被相続人が、「話が違う、こんなに話がコロコ
ロ変わる人とはやっていけない」と言い、Mは、「自分たちのこれからにポ
ンとお金を出すなんてかっこいい、親の鏡だと思ったけど、こんなにコロッ
と変わるなんて私も信じられないので、離婚することになった」、「母一人な
ら引き取って面倒みる、少し〇〇ているだけでどこも悪くないが、父があま
り歩けなくて母も大変だからお金を出してくれるんだと思ったのに」と言っ
ていた。Jと本件被相続人で施設に入るお金のことで言い争いをし、本件被
相続人は、Jに対し、持っているお金を全て出せというようなことを言って
いたと思う。Jは、「〇〇〇〇までなら出すがそれ以上は出さない」という
ようなことを言っていた。

　平成27年11月に入り、本件被相続人の葬儀代や入院費を通帳から出費した
形跡がなかったことをきっかけに、Mが平成26年11月にJの口座から〇〇〇
〇円を本件被相続人口座に入金したこと等が分かった。

B　請求人Gは、平成31年2月18日、当審判所に対し、要旨以下のとおり答述
　した。

　　平成26年10月17日、Jと本件被相続人が離婚する話になっていると呼び出

— 115 —

されて実家に行った。その場には、隣に住む実母の兄夫婦がいた。本件被相続人がいくらまでなら出せるのかと聞き、Ｊが「○○○○までなら出せる」と言っていたのを聞いたが、老人ホームに入居するのに必要なお金という話は一切なかったので、何に対して○○○○まで出せると言ったのか分からない。

(ハ)　Ｍ及び請求人Ｇの各供述の検討について

　　Ｍ及び請求人Ｇは、上記１の(3)のトのとおり、本件金員がＪから本件被相続人に贈与されたものであるかについて裁判で係争中であるから、両者の供述が食い違っている部分については、お互いに自己に有利なバイアスがかかっている可能性がある一方、両者の供述内容が重なっている部分や、相手方の供述に対し特に反論する供述をしていない部分については、基本的に信用性が高いと認められる。

　　そうすると、Ｍと請求人Ｇの供述内容から、平成26年８月ないし９月頃、本件被相続人とＪは自宅で生活することが困難になり、老人ホームに入居することの検討を始めたこと、本件被相続人はＲへの入居を望んだが、当初Ｊは費用の面から反対したこと、これに本件被相続人が激怒し、自分の費用を出してくれないなら離婚すると言い出したこと、平成26年10月ないし11月頃、本件被相続人及びＪの自宅において、本件被相続人がＪに対し、いくらまで出せると詰め寄ったところ、Ｊが○○○○までなら出せると言い、○○○○とは○○○○円を意味することが認められる（この点、請求人Ｇは、上記(ロ)のＢのとおり、当審判所に対し、○○○○が何のことか分からないと答述するが、請求人Ｇ自身の詳細な供述（上記(ロ)のＡ）のとおり、平成26年９月以降、Ｊが、請求人Ｇに対し、本件被相続人と二人で老人ホームに入居する意向を示し、その費用について本件被相続人がＪにいくら出せると詰め寄っている状況を目の当たりにしているという経緯の中で○○○○という数字が出て来ていることからして、何のことか分からなかったという当該答述は信用できない。）。

ニ　当てはめ

(イ)　Ｊから本件被相続人への本件○○○○円の贈与の有無について

　　Ａ　上記イのとおり、贈与の効力は、当事者の一方が自己の財産を無償で相手方に与える意思を表示し、相手方がそれを受諾することによって生じ、双方

の意思は、必ずしも書面により表示されることを要さない。そして、書面によらない贈与は、履行の終わった部分について撤回できない。

B　これを本件についてみると、上記1の(3)のハのとおり、本件被相続人及びJは、平成26年12月1日、そろってRに正式入居しているところ、上記ハの(ハ)のとおり、これに先立って、本件被相続人は離婚をちらつかせてまで自己のR費用についてもJに負担させようとし、Jは、本件被相続人に対し、○○○○円までなら出せる旨発言したこと、及び、別表1のとおり、平成26年11月19日から同月26日までの間、本件J○○口座から合計○○○○円が出金され、いずれも出金の当日中に、本件被相続人のR費用の振替口座であった本件被相続人口座へ合計○○○○円が入金されたことが認められる。

C　そして、平成26年11月19日の本件JP口座からの○○○○円の出金について、出金伝票上の記載、上記ロの(ハ)及び上記ハの(イ)のCのMの供述からすると、当該伝票の氏名欄におけるJの署名は、J本人ではなくMによって記載されているものの、当該○○○○円の出金は、P銀行○○支店の窓口で行われ、当時から高齢者の高額引出しには銀行員が立ち会って、使途等についての意思の確認がされていたこと、当該出金伝票には「○才、チェックシート済、老人ホーム費用、○○へ」と銀行員の手書きで付記がなされ、上記本人の意思確認が行われたことは確かであること、銀行のシステム上に夫婦で老人ホームに入居する費用との入力があることからすれば、当該出金はJの意思に基づくものであったと認められる。

　　また、上記ロの(ニ)及び別表1のとおり、本件JP口座から平成26年11月19日午後零時10分に○○○○円が出金され、本件被相続人口座に同日午後零時53分から午後零時54分に合計○○○○円が入金されていること及び、P銀行○○支店とSとの間の距離は直線距離で1キロメートルに満たないことからすると、本件○○○○円のうち、本件被相続人口座に平成26年11月19日に入金された○○○○円の原資は、本件JP口座から平成26年11月19日に出金された○○○○円であることは明らかである。

D　さらに、別表1のとおり、本件JN口座からの平成26年11月25日及び同月26日の各○○○○円の出金は、同月25日はTのATMにおいて、同月26日はUのATMにおいて、それぞれ行われているところ、Jが設定・管理してい

る暗証番号をATMに入力しなければ本件JN口座からの出金はできないことから、J本人又はJから暗証番号と通帳又はキャッシュカードを託された者が各○○○○円を出金したことになり、これらの出金もJの意思に基づくものであると認められ、両日とも同じ郵便局で本件被相続人口座で同額の入金が行われていることからすれば、本件○○○○円のうち、本件被相続人口座に同月25日及び同月26日に入金された各○○○○円の原資は、本件JN口座から同月25日及び同月26日に出金された各○○○○円であるものと認められる。

E　加えて、上記ロの㈭のとおり、本件被相続人口座に本件○○○○円の入金がされた直後から、本件被相続人口座から本件被相続人のR費用が振り替えられている反面、本件被相続人が当該○○○○円をJに返還したと認められる証拠も、Jと本件被相続人との間で当該○○○○円を返還する合意があったと認められる証拠もない。

F　以上のとおり、Jは、R費用の負担に係る本件被相続人の求めに応じて自己の財産を無償で与える旨の発言を行い、それにのっとって、自らの意思に基づいて合計○○○○円を本件J○○口座から出金し、当該出金された金員は直ちに本件被相続人口座に入金されたのであって、同金額の部分については贈与の履行が終わったことが認められるのであるから、本件○○○○円は、本件被相続人がJから贈与により取得したものと認められる。

㈵　Jから本件被相続人への本件7,500,000円の贈与の有無について

　他方、本件被相続人が本件7,500,000円をJから贈与により取得したというためには、まず、本件7,500,000円がJに帰属する財産を原資として入金されたものであったことが必要となるが、上記㈴のとおり、本件J○○口座から本件被相続人口座への資金移動が明らかに紐づいている本件○○○○円と異なり、本件7,500,000円は現金で入金されており、かつ当日中のJの預貯金口座からの出金事実が見当たらない。

　この点、上記ロの㈴のとおり、平成25年5月16日に本件JP口座から10,000,000円が出金されているものの、M及び請求人Gの各供述をもってしてもその保管状況は明らかではなく、ほかに本件7,500,000円の原資がJに帰属する財産であると認めるに足りる証拠はないから、本件被相続人が本件7,500,000

円をＪから贈与により取得したということはできない。

　　したがって、本件7,500,000円は、相続税法第２条の２第１項に規定する「贈与により取得した財産」に当たらない。

㈥　小括

　　上記のとおり、本件金員のうち、本件○○○○円は相続税法第２条の２第１項に規定する「贈与により取得した財産」に当たり、本件7,500,000円は同項に規定する「贈与により取得した財産」に当たらない。

㈢　原処分庁の主張について

　　原処分庁は、上記３の⑴の「原処分庁」欄のイのとおり、本件金員はその全額につき贈与契約が成立したと認められる旨主張し、上記３の⑴の「原処分庁」欄のハないしホのとおり、本件7,500,000円の原資は、Ｊに帰属するものであったと推認される旨主張する。

　　しかしながら、本件ＪＰ口座から平成25年５月16日に10,000,000円が出金されてから本件被相続人口座に本件7,500,000円が入金される平成26年11月17日までの間に約１年半が経過しており、他の金融機関への預替えがないというだけで、他に当該10,000,000円が本件7,500,000円の原資となった証拠はないこと、平成25年５月頃において、Ｊ及び本件被相続人に老人ホームの入居を考えていたような事情や、近々に大金の費消があると考えこれを事前に引き出さなければならなかったような事情がいずれもうかがわれないことからすれば、原処分庁の主張は採用できない。

㈣　請求人らの主張について

Ａ　請求人らは、上記３の⑴の「請求人ら」欄のイ及びロのとおり、Ｊが本件被相続人に本件金員を贈与する旨意思表示をしたとする客観的証拠はなく、また、○○機能の低下によりＪが本件被相続人に本件金員を贈与する旨の意思表示があったとすることは困難であるから、本件金員は、「贈与により取得した財産」に当たらない旨主張する。

　　しかしながら、本件○○○○円が、本件被相続人がＪから贈与により取得したものと認められることは上記㈠のとおりであり、また、Ｊの後見が開始されたのは上記１の⑶のへのとおり平成28年４月28日であって、平成26年11月頃においてＪに意思能力がなかったことが明らかとはいえない。

— 119 —

B　請求人らは、上記３の(1)の「請求人ら」欄のヘ及びトのとおり、贈与税に
ついての知識があったＪが本件被相続人に贈与税の負担を掛けてまで金銭を
贈与するはずがなかったし、本件被相続人には十分な財産があり、本件金員
を贈与する必要がなかった旨主張する。

しかしながら、本件○○○○円は、本件被相続人がＪから贈与により取得
したものと認められることは上記(イ)のとおりである上、請求人Ｇの供述によ
っても、本件○○○○円の出入金前にＪが贈与税の負担のことまで考えて行
動していたことがうかがわれる的確な証拠も、Ｊが本件被相続人の多額の預
貯金額を知っており、そのこととの関係で本件○○○○円を出入金するか否
かを検討した証拠も見当たらない。

C　以上のとおり、請求人らの主張もいずれも採用できない。

(2) 争点２（本件金員が贈与により取得した財産に当たる場合、本件金員は、相続税
法第21条の３第１項第２号に規定する贈与税の非課税財産に当たるか否か。）につ
いて

イ　法令解釈

相続税法第21条の３第１項第２号は、扶養義務者相互間において生活費又は教
育費に充てるためにした贈与により取得した財産のうち通常必要と認められるも
のの価額は、贈与税の課税価格に算入しない旨規定している。そして、相続税法
基本通達21の３－３は、相続税法第21条の３第１項第２号に規定する「生活費」
とは、その者の通常の日常生活を営むのに必要な費用（教育費を除く。）をいい、
治療費、養育費その他これらに準ずるもの（保険金又は損害賠償金により補てん
される部分の金額を除く。）を含むものとして取り扱う旨を定め、相続税法基本
通達21の３－５は、相続税法第21条の３第１項の規定により生活費又は教育費に
充てるためのものとして贈与税の課税価格に算入しない財産は、生活費又は教育
費として必要な都度直接これらの用に充てるために贈与によって取得した財産を
いう旨を定め、相続税法基本通達21の３－６は、相続税法第21条の３第１項第２
号に規定する「通常必要と認められるもの」は、被扶養者の需要と扶養者の資力
その他一切の事情を勘案して社会通念上適当と認められる範囲の財産をいう旨定
めている。

相続税法第21条の３第１項第２号の立法趣旨が、扶養義務者相互間における生

活費又は教育費は、日常生活に必要な費用であり、それらの費用に充てるための財産を贈与により取得してもそれにより担税力が生じないことはもちろん、その贈与の当事者の人間関係などの面からみてもこれを課税することは適当でないという点にあることに鑑みれば、当審判所においても、上記通達の取扱いはいずれも相当であると認める。

ロ　当てはめ

本件○○○○円が本件被相続人口座に入金されたのは、別表1のとおり、平成26年11月19日、同月25日及び同月26日であるところ、上記1の(3)のニ及び上記(1)のロの(ホ)のとおり、本件被相続人に係るR費用は、入居時に600,000円、その後1か月当たり約327,240円が必要とされたにとどまり、R入居前に本件○○○○円をまとめて贈与する必要まではない。そうすると、本件○○○○円は、本件被相続人のR費用の支払のために必要な都度取得されたとはいえず、本件○○○○円は、相続税法第21条の3第1項第2号に規定する贈与税の非課税財産に当たらない。

ハ　請求人らの主張について

請求人らは、上記3の(2)の「請求人ら」欄のとおり、本件金員は、介護を必要とする本件被相続人の生活費に充てられるために通常必要と認められるものであるから、相続税法第21条の3第1項第2号に規定する贈与税の非課税財産に当たる旨主張する。

しかしながら、本件○○○○円は相続税法第21条の3第1項第2号に規定する贈与税の非課税財産に当たらないことは上記ロのとおりであり、請求人らの主張は理由がない。

(3)　本件決定処分の適法性について

上記(1)のニの(ハ)のとおり、本件金員のうち、本件○○○○円は相続税法第2条の2第1項に規定する「贈与により取得した財産」に当たり、本件7,500,000円は同項に規定する「贈与により取得した財産」に当たらない。

また、上記(2)のロのとおり、本件○○○○円は、相続税法第21条の3第1項第2号に規定する贈与税の非課税財産に当たらない。

以上に基づいて、本件被相続人の課税価格及び納付すべき税額並びにJが承継する納付すべき税額を計算すると、別表3の「審判所認定額」欄の「課税価格」欄な

いし「Ｊが承継する納付すべき税額」欄のとおりとなり、それらの金額は、いずれも本件決定処分の金額を下回るから、本件決定処分は、その一部を別紙２及び別紙３の「取消額等計算書」のとおり取り消すべきである。

　なお、本件決定処分のその他の部分については、請求人らは争わず、当審判所に提出された証拠資料等によっても、これを不相当とする理由は認められない。

(4)　本件賦課決定処分について

　上記(3)のとおり、本件決定処分はその一部を取り消すべきであるから、無申告加算税の賦課決定処分の基礎となる税額は、別表３の「審判所認定額」欄の「無申告加算税の基礎となる税額」欄のとおりとなる。

　また、期限内申告書の提出がなかったことについて、通則法第66条《無申告加算税》第１項ただし書に規定する正当な理由があるとは認められない。

　以上に基づいて、当審判所において無申告加算税の額を計算すると、別表３の「審判所認定額」欄の「無申告加算税の額」欄のとおりとなり、本件賦課決定処分の金額を下回ることから、本件賦課決定処分は、その一部を別紙２及び別紙３の「取消額等計算書」のとおり取り消すべきである。

(5)　結論

　よって、審査請求には理由があるから、原処分の一部を取り消すこととする。

別表1　本件Ｊ○○口座及び本件被相続人口座の入出金状況（省略）

別表2　審査請求に至る経緯（省略）

別表3　課税価格及び納付すべき税額等（省略）

別紙1　共同審査請求人明細（省略）

別紙2　取消額等計算書（省略）

別紙3　取消額等計算書（省略）

事例7 （財産の評価　宅地及び宅地の上に存する権利　借地権）

　　相続により取得した各土地は借地権の目的となっている宅地には該当しないと判断
した事例（平成27年12月相続開始に係る相続税の更正処分及び過少申告加算税の賦課
決定処分・一部取消し・令和元年9月17日裁決）

《ポイント》
　本事例は、相続により取得した各土地について、貸借関係における権利金の有無、
支払地代の水準、貸主と借主との関係及びその契約の経緯や趣旨を総合的に考慮する
と、使用貸借契約に基づくものと認めるのが相当であるため、当該各土地は借地権の
目的となっている宅地には該当しないと判断したものである。

《要旨》
　請求人らは、それぞれが相続した被相続人所有の土地（本件各土地）について、被相
続人と請求人らとの間で本件各土地上の請求人らのそれぞれの建物の所有を目的とした
各土地賃貸借契約（本件各土地契約）を締結していたところ、請求人らは本件各土地契
約に基づく地代に係る金員（本件各支払金員）を被相続人に対してそれぞれ支払ってお
り、その年額は本件各土地に係る固定資産税及び都市計画税（固定資産税等）の額をそ
れぞれ上回っていたのであるから、使用貸借に係る土地についての相続税及び贈与税の
取扱いについての1《使用貸借による土地の借受けがあった場合》の定めによって、本
件各土地契約は使用貸借に係るものではないなどとして、本件各土地は借地権の目的と
なっている土地である旨主張する。

　しかしながら、①請求人らによる本件各土地の使用は、本件各支払金員の支払が開始
する以前においては使用貸借によるものであって、その後においても、請求人らと被相
続人との間で権利金の授受はないこと、②本件各支払金員の額は固定資産税等の額と同
程度であること、③本件各支払金員の年額は被相続人が第三者に対して賃貸していた本
件各土地の近隣の駐車場用地の賃料の年額に比して低廉であること、④被相続人と請求
人らは親子関係にあることなどから客観的に判断すると、本件各支払金員は本件各土地
の使用収益に対する対価であるとは認められず、請求人らは使用貸借契約に基づき使用
収益したものと認めるのが相当であることから、本件各土地は借地権の目的となってい

る土地であると認めることはできない。

　なお、本事例においては、一部の土地について、評価単位を見直したところにより評価したことに伴い、原処分の一部を取り消している。

《参照条文等》

　相続税法第22条

　「使用貸借に係る土地についての相続税及び贈与税の取扱いについて」1

　民法593条、601条

《参考判決・裁決》

　最高裁昭和41年10月27日第一小法廷判決（民集20巻 8 号1649頁）

　平成29年 1 月17日裁決（裁決事例集 No.106）

　平成13年 9 月27日裁決（裁決事例集 No.62）

（令和元年9月17日裁決）

《裁決書（抄）》

1　事　実

　(1)　事案の概要

　　　本件は、審査請求人らが相続税の申告を行ったところ、原処分庁が、審査請求人らが相続により取得した各土地は借地権の目的となっている宅地には該当しないなどとして相続税の更正処分等を行ったのに対し、審査請求人らが原処分の一部の取消しを求めた事案である。

　(2)　関係法令等

　　イ　民法第593条《使用貸借》は、使用貸借は、当事者の一方が無償で使用及び収益をした後に返還をすることを約して相手方からある物を受け取ることによって、その効力を生ずる旨規定している。

　　ロ　民法第601条《賃貸借》は、賃貸借は、当事者の一方がある物の使用及び収益を相手方にさせることを約し、相手方がこれに対してその賃料を支払うことを約することによって、その効力を生ずる旨規定している。

　　ハ　借地借家法第2条《定義》第1号は、借地権とは建物の所有を目的とする地上権又は土地の賃借権をいう旨規定している。

　　ニ　使用貸借に係る土地についての相続税及び贈与税の取扱いについて（昭和48年11月1日付直資2－189ほか国税庁長官通達。以下「使用貸借通達」という。）1《使用貸借による土地の借受けがあった場合》は、建物又は構築物の所有を目的として使用貸借による土地の借受けがあった場合においては、借地権（建物又は構築物の所有を目的とする地上権又は賃借権をいう。）の設定に際し、その設定の対価として通常権利金その他の一時金（以下「権利金」という。）を支払う取引上の慣行がある地域においても、当該土地の使用貸借に係る使用権の価額は、零として取り扱う旨定め、この場合において、使用貸借とは民法第593条に規定する契約をいい、土地の借受者と所有者との間に当該借受けに係る土地の公租公課に相当する金額以下の金額の授受があるにすぎないものはこれに該当する旨例示している。

　　ホ　財産評価基本通達（昭和39年4月25日付直資56ほか国税庁長官通達で、平成28年4月6日課評2－10・課資2－4・課審7－1財産評価基本通達の一部改正に

ついて（法令解釈通達）による改正前のもの。以下「評価通達」という。）７－
２《評価単位》(1)は、宅地は、１画地の宅地（利用の単位となっている１区画の
宅地をいう。）を評価単位とする旨定め、さらに、注書で、贈与、遺産分割等に
よる宅地の分割が親族間等で行われた場合において、例えば、分割後の画地が宅
地として通常の用途に供することができないなど、その分割が著しく不合理であ
ると認められるときは、その分割前の画地を「１画地の宅地」とする旨定めてい
る。

　　また、評価通達７－２(7)は、雑種地は、利用の単位となっている一団の雑種地
（同一の目的に供されている雑種地をいう。）を評価単位とする旨定め、さらに、
ただし書で、市街化調整区域以外の都市計画区域で市街地的形態を形成する地域
において、同通達82《雑種地の評価》の本文の定めにより評価する宅地と状況が
類似する雑種地が２以上の評価単位により一団となっており、その形状、地積の
大小、位置等からみてこれらを一団として評価することが合理的と認められる場
合には、その一団の雑種地ごとに評価する旨、また、この場合において、同通達
７－２(1)の注書に定める場合に該当するときは、その注書を準用する旨定めてい
る。

(3)　基礎事実

　　当審判所の調査及び審理の結果によれば、以下の事実が認められる。

イ　被相続人Ｆ（以下「本件被相続人」という。）は、平成27年12月○日に死亡し、
本件被相続人に係る相続（以下「本件相続」という。）が開始した。

ロ　本件相続に係る共同相続人は、本件被相続人の長男である審査請求人Ｄ（以下
「請求人Ｄ」という。）、長女である審査請求人Ｇ（以下「請求人Ｇ」といい、請
求人Ｄと併せて「請求人ら」という。）、配偶者であるＨ、二女であるＪ及び三女
であるＫの計５名である。

ハ　請求人Ｄは、平成６年５月１日、本件被相続人が所有するｄ市ｅ町○－○１所
在の土地（以下「本件○－○１土地」という。）の上に、請求人Ｄ名義の家屋
（以下「本件○－○１家屋」という。）を新築した。

ニ　本件被相続人と請求人Ｄは、平成19年12月10日、本件○－○１土地のうち本件
○－○１家屋の敷地の用に供されている部分（以下「本件○－○１付１土地」と
いう。）について、要旨、次のとおり記載した「土地賃貸借契約書」と題する書

面（以下「本件平成19年○－○１付１土地契約書」という。）を作成した（以下、この契約書に基づき成立した契約を「本件平成19年○－○１付１土地契約」という。）。

　㈄　賃貸人本件被相続人と賃借人請求人Ｄとの間に土地貸借契約を締結し、賃貸人は本件○－○１付１土地（地積581.63㎡）を賃借人に賃貸し、賃借人はこれを賃借することを約する。

　㈆　賃貸借の期間は、平成20年１月１日から平成24年12月31日までの５年間とし、賃貸人及び賃借人双方の意思表示のない限り自動継続とする。

　㈇　賃料は年間○○○○円とする。

　㈈　賃借人は本件○－○１付１土地を居住用として使用し、他の用途に使用してはならない。

ホ　本件○－○１付１土地及び本件○－○１土地のうち本件○－○１付１土地以外の部分（以下「本件○－○１付２土地」という。）のそれぞれの現況地目（ｄ市土地・家屋総合名寄帳（写）の「現況地目」欄に記載された地目をいう。以下同じ。）は、少なくとも平成19年度ないし平成27年度において、本件○－○１付１土地は宅地、本件○－○１付２土地は雑種地であった。

ヘ　請求人Ｄは、平成６年５月１日に本件○－○１家屋を新築してから、平成19年12月10日に本件平成19年○－○１付１土地契約が成立するまで、本件○－○１付１土地を無償で使用していた。また、その間の本件○－○１付１土地に係る固定資産税及び都市計画税（以下「固定資産税等」という。）は本件被相続人が支払っていた。

ト　本件被相続人と請求人Ｇの夫であるＭは、昭和59年10月１日、本件被相続人が所有するｄ市ｅ町○－○２所在の土地（地積261.70㎡。以下「本件○－○２土地」という。）について、要旨、次のとおり記載した「土地賃貸契約書」と題する書面（以下「本件昭和59年○－○２土地契約書」という。）を作成した（以下、この契約書に基づき成立した契約を「本件昭和59年○－○２土地契約」という。）。

　㈄　本件被相続人を貸主、Ｍを借主として、地目が畑（雑種地）及び地積が261㎡である本件○－○２土地につき、賃貸借契約を締結する。

　㈆　賃貸料は、本件昭和59年○－○２土地契約の締結の日から５年間は無償とする。ただし、固定資産税等についてはＭの負担とする。

チ　請求人G及びM（以下「G夫妻」という。）は、昭和60年3月15日、本件○−
　　○2土地の上に、G夫妻の共有名義の家屋（以下「本件○−○2家屋」という。）
　　を新築した。

リ　本件被相続人と請求人Gは、平成19年12月10日、本件○−○2土地について、
　　要旨、次のとおり記載した「土地賃貸借契約書」と題する書面（以下「本件平成
　　19年○−○2土地契約書」という。）を作成した（以下、この契約書に基づき成
　　立した契約を「本件平成19年○−○2土地契約」という。）。

　　(イ)　賃貸人本件被相続人と賃借人請求人Gとの間に土地貸借契約を締結し、賃貸
　　　　人は本件○−○2土地を賃借人に賃貸し、賃借人はこれを賃借することを約す
　　　　る。

　　(ロ)　賃貸借の期間は、平成20年1月1日から平成24年12月31日までの5年間とし、
　　　　賃貸人及び賃借人双方の意思表示のない限り自動継続とする。

　　(ハ)　賃料は年間○○○○円とする。

　　(ニ)　賃借人は本件○−○2土地を居住用として使用し、他の用途に使用してはな
　　　　らない。

ヌ　G夫妻は、昭和60年3月15日に本件○−○2家屋を新築してから、平成19年12
　　月10日に本件平成19年○−○2土地契約が成立するまで、本件被相続人に対し本
　　件○−○2土地に係る固定資産税等を負担するための金員を支払っていた。

ル　本件相続の開始の時において、本件相続に係る不動産のうち、d市e町○−○
　　3、同○−○4及び同○−○5所在の一団の土地（地積計985㎡。以下「本件○
　　−○3一団土地」という。）並びに本件○−○2土地に隣接するd市e町○−○
　　6所在の土地（地積313㎡。以下「本件○−○6土地」という。）は、N社○○支
　　社が駐車場として使用していた。

　　　なお、本件○−○3一団土地に隣接する本件○−○1付2土地についてもN社
　　が駐車場として使用していた。

ヲ　上記ハないしルの各土地の明細は別表1−1、位置関係は別表1−2のとおり
　　である。

ワ　本件相続により、本件○−○1土地を請求人Dが、本件○−○2土地及び本件
　　○−○6土地を請求人Gが、本件○−○3一団土地をJ及びKがそれぞれ取得し
　　た。

カ　本件○－○１土地はその東側において道路と接しており、当該道路の路線価
　　（以下「本件東側路線価」という。）は、P国税局長が定めた平成27年分の財産評
　　価基準によれば100,000円であった。また、本件○－○２土地、本件○－○３一
　　団土地及び本件○－○６土地は、いずれもその南側において道路と接しており、
　　当該道路の路線価（以下「本件南側路線価」という。）は、同基準によれば
　　105,000円であった。

ヨ　平成19年度ないし平成27年度の、本件○－○１付１土地及び本件○－○２土地
　　（以下、これらを併せて「本件各土地」という。）に係る固定資産税相当額及び都
　　市計画税相当額の合計額（以下「固定資産税等相当額」という。）はそれぞれ別
　　表２の「固定資産税等相当額」欄のとおりである。

(4)　審査請求に至る経緯

イ　請求人らは、本件相続に係る相続税（以下「本件相続税」という。）に関し、
　　別表１－１に掲げる各土地を次のとおり評価し、また、課税価格及び納付すべき
　　税額を、別表３の「申告」欄のとおり記載して、法定申告期限までに申告した。

　(イ)　本件各土地については、評価通達25《貸宅地の評価》に定める貸宅地の評価
　　　方法を適用して、本件○－○１付１土地の価額を20,975,904円、本件○－○２
　　　土地の価額を7,970,963円とした。

　(ロ)　本件○－○１付２土地については、本件○－○３一団土地と一体の土地とし
　　　て、本件南側路線価を正面路線価とし、評価通達24－４《広大地の評価》に定
　　　める評価方法を適用して、その価額を16,054,762円とした。また、本件○－○
　　　３一団土地については、その価額を55,487,512円とした。

　(ハ)　本件○－○６土地については、その価額を32,865,000円とした。

　　　なお、上記(ロ)及び(ハ)の各土地については、自用地としての価額により評価し
　　　ていた。

ロ　原処分庁は、本件各土地が借地権の目的となっている宅地に当たらないなどと
　　して、本件各土地の価額を、それぞれ本件○－○１付１土地については評価通達
　　11《評価の方式》及び同通達24－４の定めにより評価し、また、本件○－○２土
　　地については同通達11の定めにより評価し、平成30年６月28日付で、それぞれ別
　　表３の「更正処分等」欄のとおり、請求人らに対し本件相続税の各更正処分（以
　　下「本件各更正処分」という。）及び過少申告加算税の各賦課決定処分（以下

「本件各賦課決定処分」といい、本件各更正処分と併せて「本件各更正処分等」という。）をした。

ハ　請求人らは、本件各更正処分等を不服として、平成30年9月25日に審査請求をした。

　　なお、請求人らは、請求人Dを総代として選任し、その旨を平成30年11月18日付で当審判所に届け出た。

2　争　点

本件各土地は借地権の目的となっている宅地であるか否か。

3　争点についての主張

原処分庁	請求人ら
以下のことから、本件各土地に係る本件被相続人と請求人らとの間の貸借は賃貸借ではなく使用貸借であるから、本件各土地は借地権の目的となっている宅地には該当しない	以下のことから、本件各土地に係る本件被相続人と請求人らとの間の貸借は賃貸借であるから、本件各土地は借地権の目的となっている宅地に該当する。
(1)　本件○-○1付1土地	(1)　本件○-○1付1土地
イ　請求人Dは、平成6年に本件○-○1付1土地の上に本件○-○1家屋を新築してから、平成19年12月に本件平成19年○-○1付1土地契約書を作成するまでの間、本件被相続人に対し、本件○-○1付1土地の貸借に関し、何ら金員を支払っていなかった。	イ　本件被相続人と請求人Dは、本件○-○1付1土地につき、賃料を年額○○○○円とする本件平成19年○-○1付1土地契約を締結しており、本件平成19年○-○1付1土地契約に基づく金員の支払は本件○-○1付1土地の使用の対価であると認識していた。
ロ　請求人Dは、本件平成19年○-○1付1土地契約に基づき、平成21年以降、本件○-○1付1土地の貸借に係る賃料に相当する金員を支払っていたことは認められるものの、本件平成19年○-○1付1土地契約書に記載され	ロ　使用貸借通達1は、土地の貸借において、当該土地の公租公課に相当する金額以下の金額の授受があるにすぎないものは使用貸借に該当する旨定めているが、上記イの賃料の額は、本件相続の開始の年の固定資産税等の額を上

た賃料は年額○○○○円（1㎡当たりの年額約○○○○円）であるところ、当該賃料の年額は本件○－○1付1土地の平成19年度ないし平成27年度における各年度の固定資産税等に相当するものであり、請求人Dもそのことを認識していた。また、当該金額は、本件被相続人が第三者に対して貸し付けていた本件○－○1付1土地の近隣に所在する土地に係る賃料の年額（1㎡当たりの年額約○○○○円）と比べ、著しく低廉であった。

ハ　請求人Dと本件被相続人との間で、本件○－○1付1土地の貸借に関し、権利金その他の金銭の授受はなかった。

ニ　上記イないしハの事実に加え、請求人Dと本件被相続人は親子関係にあることからすると、上記ロの本件平成19年○－○1付1土地契約に係る賃料に相当する金員は、本件○－○1付1土地の使用収益に対する対価とは認めら

回っているから、本件○－○1付1土地の貸借は使用貸借ではない。

ハ　加えて、上記イの賃料の額は、平成23年までは本件○－○1付1土地の固定資産税等の額を下回っていたが、平成24年以降は上回っており「自然発生借地権」が存在すること、本件平成19年○－○1付1土地契約は相続税を不当に回避する目的で締結したものではないこと、及び本件被相続人が当該賃料の額を確定申告していたことからも、本件○－○1付1土地の貸借は賃貸借に該当する。

れない。

(2) 本件○－○2土地

　イ　G夫妻は、昭和60年に本件○－○2土地の上に本件○－○2家屋を新築してから、本件昭和59年○－○2土地契約に基づき、本件被相続人に対し、本件○－○2土地に係る固定資産税等の額に相当する金員を支払っていた。

　ロ　G夫妻が、本件平成19年○－○2土地契約に基づき、平成20年以降、本件○－○2土地の貸借に係る賃料に相当する金員を支払っていたことは認められるものの、本件平成19年○－○2土地契約書に記載された賃料は年額○○○○円（1㎡当たりの年額約○○○○円）であるところ、当該賃料の年額は本件○－○2土地の平成19年度ないし平成27年度における各年度の固定資産税等に相当するものであり、G夫妻も、上記イの本件昭和59年○－○2土地契約に基づき支払われた金員と同様に、固定資産税等に相当するものであると認識していた。また、当該金額は、本件被相続人が第三者に対して貸し付けていた本件○－○2土地の近隣に所在する土地に係る賃料の年額（1㎡当たりの年額約○○○○円）と比

(2) 本件○－○2土地

　イ　請求人Gは、本件被相続人に対し、本件平成19年○－○2土地契約に基づき、年額○○○○円の賃料を支払っており、これを使用貸借通達1の定めに当てはめると、当該賃料の額は本件相続の開始の年の固定資産税等の額を上回っているから、本件○－○2土地の貸借は使用貸借ではない。

　ロ　加えて、本件平成19年○－○2土地契約は相続税を不当に回避する目的で締結したものではないこと、及び本件被相続人が上記イの賃料の額を確定申告していたことからも、本件○－○2土地の貸借は賃貸借に該当する。

— 133 —

べ、著しく低廉であった。 ハ　G夫妻と本件被相続人との間で、本件〇-〇2土地の貸借に関し権利金その他の金銭の授受はなかった。 ニ　上記イないしハの事実に加え、G夫妻と本件被相続人は親族関係にあることからすると、上記ロの本件平成19年〇-〇2土地契約に係る賃料に相当する金員は、本件〇-〇2土地の使用収益に対する対価とは認められない。	

4　当審判所の判断

(1)　法令解釈

　　物の使用収益に伴う金員の支払があったとしても、それが対象物の使用収益に対する対価の意味を持たない金員の支払である場合には、民法第601条に規定する賃貸借には該当せず、同法第593条に規定する使用貸借に該当するというべきである。

　　そして、建物等の所有を目的とした土地の貸借契約には、賃貸借契約又は使用貸借契約があるが、その契約が賃貸借契約であるか使用貸借契約であるかは、その貸借が対価を伴うものであるか否かにより決せられるべきものであり、交付された現金等がある場合にそれが対価性を有するか否かは、当事者の主観的意思を無視はできないものの、これにとらわれることなく客観的に判断すべきものと解され、具体的には、その契約における権利金の有無、支払地代の水準、貸主と借主との関係及びその契約の経緯や趣旨を総合的に考慮して判断すべきものと解される。

(2)　認定事実

　　請求人提出資料、原処分関係資料並びに当審判所の調査及び審理の結果によれば、以下の事実が認められる。

　イ　請求人Dは、本件平成19年〇-〇1付1土地契約に基づき、本件被相続人に対して、Q銀行〇〇支店の本件被相続人名義の預金口座（以下「本件預金口座」という。）に請求人Dの名義で振込入金するなどして、少なくとも平成21年以降、別表2の「本件〇-〇1付1土地」欄の「支払金員の額」欄のとおり、年間〇〇

〇〇円（１㎡当たりの年額約〇〇〇〇円）の金員を支払っていた（以下、この支払っていた金員を「本件請求人Ｄ支払金員」という。）。

ロ　本件〇－〇１付１土地の貸借に関して、請求人Ｄと本件被相続人との間で権利金の授受はなかった。

ハ　請求人Ｇは、本件平成19年〇－〇２土地契約に基づき、本件被相続人に対して、本件預金口座にＭの名義で振込入金して、平成20年以降、別表２の「本件〇－〇２土地」欄の「支払金員の額」欄のとおり、年間〇〇〇〇円（１㎡当たりの年額約〇〇〇〇円）の金員を支払っていた（以下、この支払っていた金員を「本件請求人Ｇ支払金員」という。）。

ニ　本件〇－〇２土地の貸借に関して、Ｇ夫妻と本件被相続人との間で権利金の授受はなかった。

ホ　本件被相続人は、上記１の(3)のルの本件〇－〇３一団土地及び本件〇－〇６土地に関して、平成11年９月18日、Ｎ社との間で、駐車場として使用させる目的で「駐車場賃貸借契約書」と題する書面により、要旨、次のとおりの契約（以下「本件駐車場賃貸借契約」という。）を締結した。

　(イ)　賃貸人本件被相続人は次に表示の土地を賃借人Ｎ社に賃貸し、賃借人Ｎ社はこれを賃借する。

　　　Ａ　物件の所在　本件〇－〇３一団土地及び本件〇－〇６土地（以下「本件駐車場用地」という。）

　　　Ｂ　使用台数　77台

　(ロ)　賃貸借期間は、平成11年10月１日から平成13年９月30日までとし、期間満了１か月前までに賃貸人及び賃借人いずれかより意思表示のない場合、本件駐車場賃貸借契約は同一期間をもって順次更新される。

　(ハ)　賃料は１か月〇〇〇〇円（消費税含む）とする。

ヘ　本件駐車場賃貸借契約に基づく、本件駐車場用地の賃貸借に係る１㎡当たりの年額賃料は約〇〇〇〇円であった。なお、賃料は平成26年４月分以降、月額〇〇〇〇円（１㎡当たりの年額約〇〇〇〇円）に改定された。また、本件相続が開始した年の本件駐車場用地に係る平成27年度の固定資産税等相当額は、〇〇〇〇円であった。

ト　本件〇－〇１付１土地の実測面積は、581.70㎡である。

(3) 当てはめ

　上記(1)のとおり、土地の貸借が賃貸借契約に基づくというためには、その貸借が当該土地の使用収益に対する対価を伴うものである必要があるから、以上を前提に上記(1)の法令解釈に照らして、本件各土地が借地権の目的となっている宅地であるか否かについて検討する。

イ　本件○－○1付1土地について

　上記1の(3)のへのとおり、平成19年12月10日以前において、請求人Dは本件○－○1付1土地を無償で使用していたことから、本件○－○1付1土地の使用収益は、使用貸借契約に基づくものであったと認められるが、その後、請求人Dは、上記(2)のイのとおり、少なくとも平成21年以降、本件平成19年○－○1付1土地契約に基づき本件請求人D支払金員を支払っており、当該金員が使用収益に対する対価に該当する場合には、賃貸借契約に基づくものに変更されたものと見ることができる。

　しかしながら、①別表2のとおり、本件請求人D支払金員の額は本件○－○1付1土地の固定資産税等相当額と同程度の金額であったこと、②上記(2)のロのとおり、請求人Dと本件被相続人との間で権利金の授受がなかったこと、③上記(2)のイ及びへのとおり、同金員の1㎡当たりの額（年額約○○○○円）は、本件駐車場賃貸借契約に基づき本件被相続人が第三者に対し賃貸していた本件駐車場用地の1㎡当たりの賃料の額（年額約○○○○円。なお、平成26年4月分以降は年額約○○○円）に比べて低廉であったと認められること並びに④上記1の(3)のロのとおり、請求人Dと本件被相続人は親子関係にあったことからすれば、同金員は、客観的な上記①ないし④の事実関係から判断して本件○－○1付1土地の使用収益に対する対価ということはできず、同金員の支払の開始によって、当初使用貸借契約であった契約関係が賃貸借契約に変更されたと見ることはできない。そうすると、本件相続の開始の時においても、本件○－○1付1土地の使用収益は使用貸借契約に基づくものと認められるから、本件○－○1付1土地は借地権の目的となっている宅地には該当しない。

ロ　本件○－○2土地について

　上記1の(3)のトの(ロ)のとおり、本件昭和59年○－○2土地契約書には、賃貸料は本件昭和59年○－○2土地契約の締結の日から5年間は無償とし、固定資産税

等はMの負担とする旨記載されており、上記1の(3)のヌのとおり、G夫妻は本件〇-〇2土地の使用に関して金員の支払をしていたものの、同土地の固定資産税等を負担していたにすぎなかったことから、本件〇-〇2土地の使用収益は、使用貸借契約に基づくものであったと認められるが、その後、請求人Gは、上記(2)のハのとおり、平成20年以降、本件平成19年〇-〇2土地契約に基づき本件請求人G支払金員を支払っており、当該金員が使用収益に対する対価に該当する場合には、賃貸借契約に基づくものに変更されたものと見ることができる。

　しかしながら、①別表2のとおり、本件請求人G支払金員の額は本件〇-〇2土地の固定資産税等相当額と同程度の金額であったこと、②上記(2)のニのとおり、G夫妻と本件被相続人との間で権利金の授受がなかったこと、③上記(2)のハ及びへのとおり、同金員の1㎡当たりの額（年額約〇〇〇〇円）は、本件駐車場賃貸借契約に基づき本件被相続人が第三者に対し賃貸していた本件駐車場用地の1㎡当たりの賃料の額（年額約〇〇〇〇円。なお、平成26年4月分以降は年額約〇〇〇〇円）に比べて低廉であったと認められること並びに④上記1の(3)のロ及びトのとおり、G夫妻と本件被相続人は親族関係にあったことからすれば、同金員は、客観的な上記①ないし④の事実関係から判断して本件〇-〇2土地の使用収益に対する対価ということはできず、同金員の支払の開始によって、当初使用貸借契約であった契約関係が賃貸借契約に変更されたと見ることはできない。そうすると、本件相続の開始の時においても、本件〇-〇2土地の使用収益は使用貸借契約に基づくものと認められるから、本件〇-〇2土地は借地権の目的となっている宅地には該当しない。

(4) 請求人らの主張について

イ　請求人らは、使用貸借通達1は、土地の貸借において、当該土地の公租公課に相当する金額以下の金額の授受があるにすぎないものは使用貸借に該当する旨定めており、本件各土地の賃料の年額は本件相続の開始の年の固定資産税等の額を上回っていることから、本件各土地の貸借関係は賃貸借に該当する旨主張する。

　しかしながら、使用貸借通達1は、土地の公租公課に相当する金額以下の金額の授受があるにすぎないものは使用貸借に該当する旨を例示したものであって、支払地代の水準が土地の公租公課の額を上回る場合に、直ちにその土地の貸借関係が賃貸借になることを定めたものとは認められない。

したがって、この点に関する請求人らの主張には理由がない。

ロ　請求人Ｄは、本件○－○１付１土地につき、平成24年以降は賃料の年額が固定
　　資産税等の額を上回っており「自然発生借地権」が存在するため、本件○－○１
　　付１土地の貸借関係は賃貸借に該当する旨主張する。

　　しかしながら、本件請求人Ｄ支払金員の額が本件相続の開始の年において本件
　　○－○１付１土地の固定資産税等の額を上回っていたことが認められたとしても、
　　本件○－○１付１土地の使用収益が使用貸借契約に基づくものであったことは上
　　記(3)のイのとおりである。

　　したがって、この点に関する請求人Ｄの主張には理由がない。

ハ　請求人らは、本件各土地につき、本件平成19年○－○１付１土地契約及び本件
　　平成19年○－○２土地契約は相続税を不当に回避する目的で締結したものではな
　　いこと、本件被相続人が本件各土地の賃料の額を確定申告していたことなどから、
　　本件各土地の貸借関係は賃貸借に該当する旨主張する。

　　しかしながら、本件平成19年○－○１付１土地契約及び本件平成19年○－○２
　　土地契約が相続税を不当に回避する目的で締結したものではないとしても、また、
　　本件被相続人が確定申告をしていたとしても、本件各土地の貸借関係が賃貸借と
　　なるようなものでもない。

　　したがって、この点に関する請求人らの主張には理由がない。

(5)　本件各更正処分の適法性について

イ　相続財産の評価は、評価通達に定められた評価方式によらないことが正当とし
　　て是認されるような特別の事情がある場合を除き、課税の公平の観点から、原則
　　として同通達の評価方式に基づいて行うことが相当と解されるところ、当審判所
　　が、同通達の評価方式に基づき本件○－○１付１土地、本件○－○１付２土地、
　　本件○－○２土地及び本件○－○３一団土地の財産評価額を計算すると、以下の
　　とおりである。

　(イ)　本件○－○１付１土地の財産評価額

　　　本件○－○１付１土地の地積については、上記(2)のトのとおり、実測面積が
　　581.70㎡であり、その実測面積を用いて、評価通達24－４の定めにより評価し、
　　これを計算すると別表４のとおりとなる。

　　　なお、本件○－○１付１土地が借地権の目的となっている土地に該当しない

ことは、上記(3)のイのとおりである。

㈱　本件○−○1付2土地の財産評価額

上記(イ)のとおり、本件○−○1付1土地の実測面積が581.70㎡であるところ、本件○−○1付2土地の地積は、本件○−○1土地の地積866.63㎡から本件○−○1付1土地の実測面積を差し引き、284.93㎡となる。

そして、本件○−○1付2土地は上記1の(4)のイの㈱のとおり評価されているところ、①上記1の(3)のワのとおり、本件○−○1付2土地は、本件相続により、本件○−○1付1土地と併せた一筆の土地（本件○−○1土地）として請求人Dが取得している一方、本件○−○3一団土地は、J及びKが取得しており、それぞれの取得者が異なること、②上記1の(3)のカのとおり、本件○−○1土地はその東側において道路と接しており、本件○−○1付1土地を請求人Dが取得していることから、本件○−○1付2土地には、接道義務を満たさないことによる利用の制限があるとは認められない。したがって、本件相続による分割後の本件○−○1付2土地の画地は、評価通達7−2(7)で準用される同通達7−2(1)の注書に定める不合理分割に当たらないことからすると、本件相続による分割前の利用の単位により、本件○−○3一団土地と本件○−○1付2土地を1画地とみて評価すべきではない。

さらに、本件○−○1付1土地及び本件○−○1付2土地については、上記1の(3)のホのとおり、本件○−○1付1土地の現況地目は宅地であり、本件○−○1付2土地の現況地目は雑種地であり、上記1の(3)のハ、ニ及びルのとおり、本件相続の開始の時において、本件○−○1付1土地は本件○−○1家屋の敷地、本件○−○1付2土地はN社の駐車場としてそれぞれ使用されており、評価通達7《土地の評価上の区分》に定める一体として利用されている一団の土地が2以上の地目からなる場合には該当しないことから、本件○−○1付2土地の評価単位は、本件○−○1付2土地のみが利用の単位となっている一団の雑種地となる。そうすると、本件○−○1付2土地は、不整形地として、同通達20《不整形地の評価》の定めにより本件東側路線価を用いて評価するのが相当である。

以上に基づき、本件○−○1付2土地の価額を計算すると別表5のとおりとなる。

㈩　本件○－○２土地の財産評価額

　　　本件○－○２土地については、上記(3)のロのとおり、借地権の目的となって
　　いる宅地に該当しないことから、本件○－○２土地の財産評価額は、
　　19,927,408円となる。

㈣　本件○－○３一団土地の財産評価額

　　　本件○－○３一団土地については、上記１の(3)のル及び上記(2)のホのとおり、
　　Ｎ社の駐車場用地として賃貸されていたことからすると、利用の単位となって
　　いる一団の雑種地として、評価通達24－４の定めにより評価すべきであり、こ
　　れらを計算すると別表６のとおりとなる。

ロ　上記イに基づき、請求人らの課税価格及び納付すべき税額を計算すると、別表
　　７の「審判所認定額」欄のとおりとなり、本件各更正処分の額を下回るから、本
　　件各更正処分はいずれもその一部を別紙２及び別紙３の「取消額等計算書」のと
　　おり取り消すべきである。

　　　なお、本件各更正処分に係るその他の部分について、請求人らは争わず、当審
　　判所に提出された証拠資料等によっても、これを不相当とする理由は認められな
　　い。

(6)　本件各賦課決定処分の適法性について

　　　本件各更正処分は、上記(5)のとおり、いずれもその一部を取り消すべきであるか
　　ら、請求人らの本件各賦課決定処分の基礎となる税額は請求人Ｄが○○○○円、請
　　求人Ｇが○○○○円となる。また、これらの税額の計算の基礎となった事実が本件
　　各更正処分前の税額の計算の基礎となっていなかったことについて、国税通則法
　　（平成28年法律第15号による改正前のもの）第65条《過少申告加算税》第４項に規
　　定する正当な理由があるとは認められない。したがって、請求人らの過少申告加算
　　税の額は請求人Ｄが○○○○円、請求人Ｇが○○○○円となり、本件各賦課決定処
　　分の金額にいずれも満たないから、いずれもその一部を取り消すべきである。

(7)　結論

　　　よって、審査請求には理由があるから、原処分の一部を取り消すこととする。

別表1-1　本件相続に係る各土地の明細　（省略）

別表1-2　本件相続に係る各土地の位置関係　（省略）

別表2　本件各土地に係る各年度の固定資産税等相当額及び支払金員の額　（省略）

別表3　審査請求に至る経緯　（省略）

別表4　本件○-○1付1土地の財産評価額　（省略）

別表5　本件○-○1付2土地の財産評価額　（省略）

別表6　本件○-○3一団土地の財産評価額　（省略）

別表7　請求人らの課税価格等　（省略）

別紙1　共同審査請求人　（省略）

別紙2　「取消額等計算書」D　（省略）

別紙3　「取消額等計算書」G　（省略）

事例8 (財産の評価　宅地及び宅地の上に存する権利　借地権)

> **同族会社が所有する建物の敷地について、当該会社の借地権が存すると判断した事例** (平成26年4月相続開始に係る相続税の各更正処分及び過少申告加算税の各賦課決定処分・全部取消し、一部取消し、棄却・令和元年8月19日裁決)
>
> 《ポイント》
> 　本事例は、同族会社が所有する建物の敷地 (本件敷地) について、当該会社が医療法人からの転貸ではなく、直接被相続人らから借りていると認められること、また、将来、当該会社が本件敷地に係る借地権を無償で返還するというような特別な事情も存しないことから、当該会社の借地権が存すると認めたものである。

《要旨》

　原処分庁は、被相続人らは、同族会社 (本件会社) が所有する登記された建物の敷地 (本件敷地) を含む全ての土地 (本件土地) を医療法人に賃貸しているから、本件敷地は、医療法人が本件会社に更に賃貸 (転貸) したものというべきであり、また、被相続人ら及び医療法人は、土地の無償返還に関する届出書を原処分庁へ提出しているから、本件敷地の評価は、自用地としての価額の80％で評価することとなる旨主張する。しかしながら、本件会社は、権利金の支払はしていないものの、本件敷地の上に、昭和55年8月に上記の建物を建築した後、直接被相続人らから無償又は有償で本件敷地を借りていたと認められ、また、本件会社が被相続人らに対し、将来、本件敷地に係る借地権を無償で返還するというような特別の事情も存しないことからすれば、本件敷地については、本件会社の借地権が存すると認めるのが相当である。

《参照条文等》

　「相当の地代を支払っている場合等の借地権等についての相続税及び贈与税の取扱いについて」(昭和60年6月5日付直資5-58ほか1課共同) 8

《参照条文等》

　平成15年5月19日裁決 (裁決事例集 No.65)

（令和元年 8 月19日裁決）

《裁決書（抄）》

1　事　実

(1)　事案の概要

　　本件は、審査請求人Ｄ１、同Ｄ２及び同Ｄ３（以下、順次「請求人Ｄ１」、「請求人Ｄ２」及び「請求人Ｄ３」といい、これらの者を併せて「請求人ら」という。）が、亡父の相続により取得した宅地の価額について、法人に賃貸している土地は借地権の価額を控除した後の価額によることが相当であるとして亡父の相続に係る相続税の申告をしたところ、原処分庁が、当該土地の一部について「土地の無償返還に関する届出書」が提出されているから、当該届出書の提出があった場合の貸宅地の評価の定めにより評価した金額によることが相当であるとして更正処分等を行ったのに対し、請求人らが、当該届出書は、その記載内容に誤りがあるから無効であるなどとして、更正処分等の全部の取消しを求めた事案である。

(2)　関係法令等

　イ　相続税法第22条《評価の原則》は、相続等により取得した財産の価額は、特別な定めがあるものを除き、当該財産の取得の時における時価による旨規定している。

　ロ　財産評価基本通達（昭和39年 4 月25日付直資56ほか 1 課共同、国税庁長官通達をいい、以下「評価通達」という。）20《不整形地の評価》の(4)は、不整形地の価額は、次図のように近似整形地（①）を求め、隣接する整形地（②）と合わせて全体の整形地の価額を計算してから、隣接する整形地（②）の価額を差し引いた価額を基として計算する方法により評価通達15《奥行価格補正》から評価通達18《三方又は四方路線影響加算》までの定めにより計算した価額に、その不整形の程度、位置及び地積の大小に応じ、付表 4 「地積区分表」に掲げる地区区分及び地積区分に応じた付表 5 「不整形地補正率表」に定める補正率を乗じて計算した価額により評価する旨定めている。

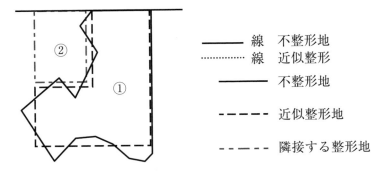

	線	不整形地
....	線	近似整形
———		不整形地
- - - -		近似整形地
- - - -		隣接する整形地

ハ　評価通達25《貸宅地の評価》の(1)は、借地権の目的となっている宅地の価額は、自用地としての価額から評価通達27《借地権の評価》の定めにより評価したその借地権の価額を控除した金額によって評価する旨定めている。

ニ　評価通達27は、借地権の価額は、その借地権の目的となっている宅地の自用地としての価額に、当該価額に対する借地権の売買実例価額、精通者意見価格、地代の額等を基として評定した借地権の価額の割合（借地権割合）がおおむね同一と認められる地域ごとに国税局長の定める割合を乗じて計算した金額によって評価する旨定めている。

ホ　「相当の地代を支払っている場合等の借地権等についての相続税及び贈与税の取扱いについて」（昭和60年6月5日付直資2－58ほか1課共同、国税庁長官通達をいい、以下「相当地代通達」という。）8《「土地の無償返還に関する届出書」が提出されている場合の貸宅地の評価》は、借地権が設定されている土地について、土地の無償返還に関する届出書が提出されている場合の当該土地に係る貸宅地の価額は、当該土地の自用地としての価額の100分の80に相当する金額によって評価する旨定めている。

ヘ　「使用貸借に係る土地についての相続税及び贈与税の取扱いについて」（昭和48年11月1日付直資2－189ほか2課共同、国税庁長官通達をいう。）は、この取扱いは、個人間の貸借関係の実情を踏まえて定めたものである旨定めている。

ト　法人税基本通達（昭和44年5月1日付直審（法）25国税庁長官通達。）13－1－3《相当の地代に満たない地代を収受している場合の権利金の認定》は、法人が借地権の設定等により他人に土地を使用させた場合において、通常収受すべき

権利金を収受せず、しかも、その収受する地代の額が法人税法施行令第137条《土地の使用に伴う対価についての所得の計算》に規定する相当の地代の額に満たないときは、原則として権利金の認定を行う旨定めている。

チ　法人税基本通達13－1－7《権利金の認定見合せ》は、法人が借地権の設定等により他人に土地を使用させた場合において、これにより収受する地代の額が相当の地代の額に満たないときであっても、その借地権の設定等に係る契約書において将来借地人等がその土地を無償で返還することが定められており、かつ、その旨を借地人等との連名の書面により遅滞なく当該法人の納税地の所轄税務署長に届け出たときは、当該借地権の設定等をした日の属する事業年度以後の各事業年度において、相当の地代の額から実際に収受している地代の額を控除した金額に相当する金額を借地人等に対して贈与したものとして取り扱う旨定めている。

(3)　基礎事実

当審判所の調査及び審理の結果によれば、以下の事実が認められる。

イ　共同相続人について

D4（以下「本件被相続人」という。）は、平成26年4月〇日に死亡し、本件被相続人に係る相続（以下「本件相続」という。）が開始した。

本件相続に係る共同相続人は、本件被相続人の配偶者であるD5（以下「妻D5」という。）及び本件被相続人の子である請求人らの4名である。

ロ　医療法人Fについて

医療法人F（以下「本件医療法人」という。）は、平成6年4月〇日に設立された医療法人であり、設立から平成19年3月31日までは、本件被相続人が理事長を務めていたが、同年4月1日以降は、請求人D2の配偶者が理事長を務めている。

また、本件医療法人は、定款上、病院及び診療所の経営並びに介護事業を行うことを目的とする法人である。

ハ　G社について

G社（以下「本件会社」という。）は、昭和54年12月〇日に設立された会社である。

なお、本件会社は、妻D5及び請求人らが発行済株式の100％を有する法人税法第2条《定義》第10号に規定する同族会社である。

ニ　本件被相続人及び妻Ｄ５と本件医療法人との間の不動産賃貸借契約等の状況について

　　本件被相続人及び妻Ｄ５（以下、これらの者を併せて「本件被相続人ら」という。）と本件医療法人の「設立代表者Ｄ４」は、平成６年１月15日付で、別表１の不動産について、貸主を本件被相続人ら、借主を本件医療法人とし、要旨、契約内容を下記(イ)から(ニ)までとする不動産賃貸借契約（以下「本件賃貸借契約」という。）を締結し、不動産賃貸借契約書（以下「本件賃貸借契約書」という。）を取り交わした。

　　なお、別表１の順号１の土地は、平成７年２月27日に同表の順号１－１と順号１－２の各土地に分筆された。

　　以下、別表１の順号１－１、順号３、順号４及びこれに隣接するｉ市ｋ町○－○（面積11.00㎡）の各土地を併せて「本件各土地」（総面積1,702㎡）といい、これらのうち、順号１－１及びｉ市ｋ町○－○の各土地を併せて「本件評価対象地」という（別図１参照）。

(イ)　賃貸の期間は、平成６年４月１日から平成16年３月末日までの10年間とする。

(ロ)　賃料は、月額1,400,000円とする。

(ハ)　本件医療法人は、別表１の賃貸物件を自らの事業のみに使用するものとし、建物の模様替え又は造作その他の工作などをするときには、事前に本件被相続人らに書面による承諾を受けなければならない。

(ニ)　本件賃貸借契約は、本件医療法人の設立認可の日から発効するものとし、本件医療法人が設立されたときには、賃借人の表示を本件医療法人理事長Ｄ４と読み替え、また、賃貸の期間は、上記(イ)にかかわらず、本件医療法人の設立認可の日から10年間とする。

ホ　別表１の各土地及びこれに隣接する土地の上に存する建物の状況等について

　　本件被相続人らが本件賃貸借契約により本件医療法人に貸し付けた別表１の各土地及びこれに隣接する土地の上に存する建物の状況等については、下記(イ)及び(ロ)のとおりである（別図１参照）。

　　なお、別表１の順号６及び順号７の各建物の状況については、同表のとおりである。

(イ)　本件会社は、昭和55年８月、別表１の順号１の土地の上に、木造スレート葺

の平家建ての建物（調剤薬局の店舗。以下「本件薬局建物」という。）を建築した（別図1の薬局建物参照）。

(ロ)　本件医療法人は、平成9年2月、本件賃貸借契約を改定することなく、別表1の順号1及びこれに隣接するi市k町○－○（面積727.50㎡）、同○－○及び同番○（面積12.05㎡）、同○－○（面積333.00㎡）の各土地（総面積2,044.55㎡）の上に、鉄骨造陸屋根3階建ての建物（病院、床面積2,006.17㎡。以下「本件病院建物」という。）を建築した（別図1の病院建物参照）。

ヘ　本件被相続人らと本件医療法人との間の合意について

(イ)　本件被相続人らと本件医療法人は、平成11年3月31日付で、本件被相続人らが本件医療法人に賃貸している別表1の順号1－1から順号5までの各土地及び順号7の建物並びにi市k町○－○及び同番○（面積7.32㎡）の各土地の賃貸料を同年4月1日以降、月額880,000円（本件被相続人の賃貸料755,000円及び妻D5の賃貸料125,000円）に変更したことを確認する旨の合意書を取り交わした。

(ロ)　本件被相続人らと本件医療法人は、平成11年8月9日付で、本件各土地について、要旨、合意内容を下記A及びBとする合意（以下「本件合意」という。）をし、合意書（以下「本件合意書」という。）を取り交わした。

なお、本件合意書に記載された本件各土地の総面積は、1,704㎡である。

A　本件被相続人らは、本件医療法人が相当の地代を支払うことを条件としてi市k町○－○の土地の上に本件医療法人が訪問看護ステーションの建築工事を行うことを承諾する。

なお、建築する建物の床面積は、138.99㎡とする。

B　本件医療法人は、将来、本件各土地を無償で返還するものとする。

ト　本件被相続人らと本件会社との土地の交換について

本件被相続人らは、平成11年9月6日の交換を登記原因として、別表1の順号2並びに本件各土地の一部である順号3及び順号4の各土地（以下「本件交換譲渡土地」という。）を本件会社に譲渡し、別表2の各土地（以下「本件交換取得土地」という。）を本件会社から取得した（別図1の交換譲渡土地及び交換取得土地参照）。

チ　本件医療法人の附属建物の建築について

本件医療法人は、平成11年12月、別表2の順号2の土地の上に、本件病院建物の附属建物として、鉄骨造亜鉛メッキ鋼板葺2階建て建物（以下「本件附属建物」という。）を建築した（別図1の附属建物参照）。

リ　土地の無償返還に関する届出書の提出について

(イ)　本件被相続人ら及び本件医療法人は、平成12年11月21日、本件各土地について、本件被相続人らは借地権の設定等により平成11年8月9日から本件医療法人に使用させることとしたが、その契約（本件合意）に基づき将来借地人等から無償で土地の返還を受けることになっている旨を土地の無償返還に関する届出書（以下「本件届出書」という。）により、原処分庁へ連名で届け出た。

　なお、本件届出書には、本件賃貸借契約書、本件合意書及び図面が添付されていた。

　また、本件届出書の要旨は、別表3のとおりである。

(ロ)　本件各土地は、遅くとも平成6年以降、借地権の設定に関し、通常、権利金を支払う取引上の慣行がある地域に所在している。

　また、本件各土地の所在する地域における、J国税局長の定める平成26年分の借地権割合は50％であり、借家権割合は30％である。

(4)　審査請求に至る経緯

イ　妻D5及び請求人らは、本件相続に係る相続税について、平成27年2月○日、相続税の申告書を、法定申告期限までに共同で原処分庁に提出して、相続税の期限内申告をした。

　なお、請求人らの申告内容は、別表4の「申告」欄のとおりである。

　また、上記の申告書において、請求人らは、相続税の総額を各相続人にあん分するに当たって、相続税法基本通達（昭和34年1月28日付直資10ほか国税庁長官通達）17-1《あん分割合》に定める端数調整を行っている。

ロ　原処分庁は、原処分に係る調査の結果、請求人らが評価通達25に基づき自用地として評価した価額から、借地権割合を50％として計算した金額を控除して申告している本件評価対象地について、本件被相続人らは原処分庁に対して本件届出書を提出しているから、相当地代通達8により本件評価対象地の自用地としての価額の100分の80に相当する金額で評価することになるとして、平成30年2月1日付で、別表4の「更正処分等」欄のとおり、請求人らの本件相続に係る相続税

の各更正処分（以下「本件各更正処分」という。）及び過少申告加算税の各賦課決定処分（以下「本件各賦課決定処分」という。）をした。

　　なお、本件各更正処分において、原処分庁は、請求人らの相続税の総額を各相続人にあん分するに当たって、相続税法基本通達17－1に定める端数調整を行っている。

ハ　請求人らは、平成30年4月25日、別表4の「再調査の請求」欄のとおり、本件各更正処分及び本件各賦課決定処分を不服として、再調査の請求をしたところ、再調査審理庁は、同年7月23日付で、いずれも棄却する旨の再調査決定をした。

ニ　請求人らは、平成30年8月22日、再調査決定を経た後の本件各更正処分及び本件各賦課決定処分に不服があるとして審査請求をした。

　　なお、請求人らは、平成30年8月22日、請求人D1を総代として選任し、その旨を当審判所へ届け出た。

2　争　点

本件評価対象地の評価に当たり、相当地代通達を適用すべきか否か。

3　争点についての主張

原処分庁	請求人ら
(1)　本件病院建物の敷地 　次のとおり、本件届出書は有効であるから、本件評価対象地は、相当地代通達8によって評価することとなる。 イ　本件医療法人の平成25年4月1日から平成26年3月31日までの事業年度の法人税の確定申告書及び勘定科目内訳明細書に借地権の計上がされていないこと並びに本件届出書が提出されていることからすれば、土地の使用に関して、本件被相続人らと本件医療法人との間で権利金等の授受はなかった。	(1)　本件病院建物の敷地 　次のとおり、本件届出書には重大な瑕疵があり本件届出書は無効であるから、本件病院敷地は、評価通達25の定めにより評価することとなる。 イ　本件被相続人ら及び本件医療法人は、本件評価対象地を含む本件各土地を平成11年8月9日から本件医療法人に使用させる旨を本件届出書に記載しているところ、平成9年2月に本件医療法人が本件病院建物を建築し、本件評価対象地に借地権を既に設定しているから、本件届出書の本文の記載に

は誤りがある。

ロ　本件被相続人らは、賃借人である本件医療法人との間で、本件各土地を将来無償で返還する旨を合意するとともに、本件届出書を原処分庁へ提出している。

ロ　本件届出書の「所在地」欄及び「地目及び面積」欄には、①本件届出書を提出した時点で、本件被相続人らが所有していない別表1の順号3及び順号4の各土地が記載されていること、②本件被相続人らが所有している本件評価対象地の面積（959㎡）及び本件各土地の面積（1,702㎡）とも相違する面積（1,704㎡）が記載されていること、③別表1の順号1－1の土地の一部である本件薬局敷地の上には、本件薬局建物があることからすれば、本件届出書により別表1の順号1－1の土地について、土地の無償返還を受けようとする範囲が不明であるから、本件届出書に記載された土地の無償返還を受けようとする土地の所在地及び面積には誤りがある。

ハ　請求人らは、本件届出書の記載内容のうち、契約の開始時期、面積及び建物の状況は本件評価対象地とは齟齬がある旨主張するが、本件届出書における契約期間及び建物の記載事項の部分は、「契約の概要等」を記載するものであり、どの土地に借地権の設定があり無償返還の合意があったのかという「土地の無償返還に関する届出書」の本旨に関する記載事項ではない。

ハ　本件届出書の「契約の概要等」の「3契約期間」欄に記載された契約期間は、「平成11年8月～」となっているが、①本件届出書を提出した時点で、上記イのとおり本件病院建物があり借地権が設定されているから契約期間の記載に誤りがあること、②「契約の概要等」の「4建物等の状況」の「(2)構造及び用途」欄及び「(3)建築面積等」欄に記載されている事項は、別

表2の順号2の土地の上に建築された本件附属建物であり、本件病院建物ではないこと、③「契約の概要等」の「5土地の価額等」の「(1)土地の価額」欄及び「(2)地代の年額」欄に記載された価額は、本件被相続人らが所有していない本件交換譲渡土地の一部である別表1の順号3及び順号4の各土地の価額が含まれているから、本件届出書に記載された契約等の概要の記載にも誤りがある。

ニ 本件届出書の添付書類について、本件届出書には、①平成9年1月に取り壊された別表1の順号6の家屋が記載されている本件賃貸借契約書、②本件附属建物の建築を承諾する旨の記載がされた本件合意書、③本件附属建物を示した図面が添付されているから、添付書類にも誤りがある。

ニ 請求人らは、本件評価対象地のうち本件薬局建物の敷地（以下「本件薬局敷地」という。）以外の土地（以下「本件病院敷地」という。）には、平成9年2月に本件病院建物が建築され、既に借地権が設定されていることからすれば、本件届出書は別表2の順号2の土地の上に新築された本件附属建物に対して提出されたものであり、本件届出書は本件病院敷地を対象としたものではない旨主張するが、本件届出書及び本件合意書には本件評価対象地を含む本件各土地を対象とする旨の記載があるため、本件届出書は本件評価対象地を対象としたものである。

ホ 請求人らは、本件届出書の提出と本件合意書の記載内容が矛盾する旨主張するが、「土地の無償返還に関する届

ホ 上記ハのとおり、本件届出書に記載された建物は、本件附属建物であり、別表2の順号2の土地の上に建築され

出書」の提出について定める法人税基本通達13－1－7は権利金の認定課税は行われないことを定めたものであって、本件届出書の提出の可否を定めたものでなく、本件合意書に相当の地代を支払う旨が記載されていたとしても、本件届出書と本件合意書に何ら矛盾を生じるものではない。

ヘ　請求人らは、本件薬局敷地は、本件会社に賃貸しており、本件届出書の効力は及ばない旨主張するが、本件評価対象地については本件相続の開始時において、本件被相続人らと本件医療法人との間で本件賃貸借契約が締結されており、本件被相続人らと本件会社の間では、本件薬局敷地を含む本件評価対象地に係る賃貸借契約は認められない。

たものであるが、本件届出書には別表2の順号2の土地の地番及び面積の記載はない。

ヘ　本件届出書は、平成12年11月21日、原処分庁へ提出されているところ、本件評価対象地の上には平成9年2月に本件医療法人が本件病院建物を建築しており、権利金を認定して課税することが可能な法人税の更正期間を徒過した後の提出であることからすれば、本件病院建物に係る借地権に関して、本件届出書を提出することに合理性はないから、本件届出書は、別表2の順号2の土地の上に建築された本件附属建物に係る借地権に関して提出されたものと考えるのが自然である。

ト　本件病院建物は、本件評価対象地、本件会社の所有するi市k町○－○所在の土地及び本件被相続人らの所有する別表2の順号2の土地の上の一部に存しており、本件評価対象地のみに相当地代通達8に基づいて評価することに合理性がない。

チ　土地の無償返還に関する届出書は、

借地権の設定時において相当の地代の支払がない場合に、借地権の設定等に係る契約書において将来借地人等がその土地を無償で返還することを借地人等との連名の書面により遅滞なく納税地の所轄税務署長に届け出ることにより権利金の認定の見合わせを受けるものであるところ、本件合意書には相当の地代を支払う旨の記載があるから、本件届出書を提出することはできず、本件届出書の提出は、相当の地代を支払う旨の記載された本件合意書と矛盾することになる。

(2) 本件薬局敷地

イ　本件相続の時において、本件被相続人らは別表1の順号1－1の土地を本件医療法人に賃貸しており、別表1の順号1－1の土地に係る借地権については、本件医療法人が有しているが、この点を否定し、本件被相続人らと本件会社との間で借地権設定契約が締結されていることを裏付ける客観的証拠はない。

ロ　そして、本件医療法人が別表1の順号1－1の土地に係る本件被相続人らとの本件賃貸借契約により有することとなった借地権に基づき、本件会社に対し本件薬局敷地を賃貸又は使用させ

(2) 本件薬局敷地

イ　本件薬局敷地については、昭和55年に法人税基本通達13－1－7の取扱いが新設される前から本件被相続人らと本件会社との間で貸借契約を締結し、それ以後も貸借契約を継続しているため、当該通達の定めの適用はなく、また、「土地の無償返還に関する届出書」を原処分庁に提出していないことからすれば、本件会社が本件薬局敷地の借地権を有している。

ロ　そうすると、本件薬局敷地は、評価通達25の定めにより評価することとなる。

ることとしているとしても、それは、本件医療法人と本件会社との間で賃借権又は使用貸借権の設定契約が認められるにすぎないから、本件被相続人らと本件医療法人との間の賃貸借契約（借地権設定契約）に何らの影響も及ぼすわけではない。 ハ　したがって、本件会社が本件薬局建物を所有していることをもって、本件被相続人らと本件会社との間で借地権を設定したと認めることはできないから、本件薬局敷地は、評価通達25の定めにより評価することはできない。	

4　当審判所の判断

(1)　法令解釈

　イ　相当地代通達について

　　　土地の無償返還に関する届出書の提出があった場合は、自用地としての価額から控除すべき借地権の価額が認められる経済的実態は存在しないから、評価通達25の評価方法によるべきではないが、土地の無償返還に関する届出書が提出されている土地といえども、借地借家法の制約を受けること、また、権利金の授受の慣行のない地域においても自用地としての価額から２割を減ずる評価が行われていることとのバランスを考慮すると、自用地としての価額から２割を控除して評価することにも理由があることから、相当地代通達８によって自用地としての価額の２割を控除して評価することは、当審判所においても相当と認められる。

　ロ　個人・法人間における土地の貸借関係に係る取扱いについて

　　　土地の使用貸借については、その無償性に起因して、建物の所有を目的とするものであっても借地借家法の適用はないこととされ、借地権（建物の所有を目的とする賃借権）のような強い法的保護は受けられず、また、当事者間の対人関係を重視し、借主の死亡によって使用貸借は終了する（民法第599条）など、使用

貸借における使用権は、その経済的価値は借地権に比し極めて弱いものである。

　そこで、評価通達は、上記１の(2)のハ及びニのとおり、借地権設定の目的となっている宅地の価額をその自用地としての価額から借地権に相当する価額を控除して評価し、また、「使用貸借に係る土地についての相続税及び贈与税の取扱いについて」３《使用貸借に係る土地等を相続又は贈与により取得した場合》の定めにより、使用借権設定の目的となっている宅地の価額を当事者が個人間である場合には、自用地としての価額により評価することとされており、この評価方法は一般的に合理的なものであると解されている。

　ところで、上記１の(2)のヘ及びトのとおり、土地の貸借の当事者の一方が同族会社で、他方がその代表者や代表者の親族という関係であっても、法律上はそれぞれ独立した人格であるから、その間の取引は、全て第三者間における取引と同様の経済的合理性に従い行われるべきであると解され、土地の使用につき通常収受すべき権利金を収受せず、しかも、その収受する地代の額が相当の地代に満たないときは、基本的には権利金の認定が行われることとなる。

　もっとも、例外的に、土地の賃貸借契約において将来借地人がその土地を無償で返還することが明らかにされている場合又は土地の使用が使用貸借契約に係るものである場合において、その土地を将来無償で返還を受ける旨を借地人等と連名の書面により所轄税務署長に届け出たときは、上記１の(2)のチのとおり、権利金の認定を行わない取扱いを定めている。

　すなわち、土地貸借契約の当事者の一方が法人である場合には、特別の事情がない限り、第三者間で通常取り交わされる土地貸借契約に引き直されて課税関係が律せられるのであり、このことは法人税課税のみならず、相続税課税においても同様である。

　これらの取扱いは、借地権の設定に際し権利金を授受する慣行のある地域において土地の貸借が行われた場合の経済実態を反映したものであり、当審判所においても合理的な取扱いと認めることができる。

ハ　不整形地の評価について

　評価通達20は、不整形の程度、位置及び地積の大小に応じ、地区区分及び地積区分に応じた不整形地補正率を乗じて不整形地の価額を計算する旨定めているところ、その趣旨は、宅地が不整形の場合は、その画地の全部が宅地として機能を

十分に発揮できないため、その利用価値が整形地に比して低くなることを考慮する必要があるというものであり、整形地としての価額を不整形の程度に応じて補正するというものと認められることから、当審判所もかかる取扱いは相当であると認める。

また、国税庁ホームページの財産評価に係る質疑応答事例「2の路線に接する宅地の評価」には、現実に角地としての効用を有しない場合には、側方路線影響加算率に代えて、実際に側方路線に面している間口（距離）を考慮したところで二方路線影響加算率を適用して評価する旨記載（この記載を、以下「本件取扱い」という。）されており、課税実務においても、同様に取り扱われている。

本件取扱いは、現実の角地としての効用の有無を考慮するものであり、当審判所もこれを相当と認める。

よって、本件取扱いが適用される相続財産については、本件取扱いに定める評価方法が適正な時価を算定する方法として一般的な合理性を失わず、かつ、評価通達による評価方法によっては適正な時価を算定することができない特別な事情の存しない限り、本件取扱いの定める評価方法によって評価を行うのが相当である。

(2) 認定事実

請求人ら提出資料、原処分関係資料並びに当審判所の調査及び審理の結果によれば、次の事実が認められる。

イ 本件病院敷地について

(イ) 本件医療法人は、別表1の順号1、別表2の順号2並びにこれに隣接するi市k町○－○、同番○及び同○－○の土地の上に本件病院建物を建築する際、権利金を本件被相続人らに支払っていなかった。

(ロ) 本件合意の時点において、本件被相続人らは、本件各土地を所有していた。

(ハ) 本件被相続人ら及び本件医療法人は、平成19年4月1日、平成22年4月1日及び平成23年1月1日に、それぞれ不動産賃貸借契約を締結しているが、当該各契約において、本件評価対象地に係る所有又は使用に関する権利等の変動は認められない。

(ニ) 本件被相続人らは、本件届出書の提出前において、上記1の(3)のトのとおり、別表1の順号3及び順号4の各土地を本件会社へ譲渡しているところ、本件届

出書には本件合意の締結時に所有していた本件各土地を記載しているが、本件被相続人らが、原処分庁に対し、本件届出書の記載内容に誤りがあったとして届け出た事実はない。

(ホ) 本件届出書が提出された後、原処分庁が、本件被相続人ら及び本件医療法人に対して、本件届出書についての効力が生じない旨を連絡した事実はない。

ロ 本件薬局敷地について

(イ) 本件会社は、本件薬局建物を建築する際に、権利金を本件被相続人らに支払っていない。

また、本件会社の貸借対照表には、借地権の計上はない。

(ロ) 本件被相続人らと本件会社との間で、本件薬局敷地についてその貸借に係る契約書を取り交わした事実はないが、少なくとも本件薬局建物が建築された昭和55年以降平成21年8月まで、本件被相続人らと本件会社との間で無償により本件薬局敷地の貸借があった。

(ハ) 本件被相続人ら及び本件会社は、原処分庁に対し、本件薬局敷地に関して土地の無償返還に関する届出書を提出していない。

(ニ) 本件会社は、平成21年9月以降、本件被相続人らに対し、本件被相続人から借り受けている土地（本件薬局敷地を含む。）に係る「地代」として月30,000円を支払っているが、不動産賃貸借契約書の作成はなく、また、権利金の支払もない。

なお、本件被相続人らが上記「地代」として受領していた金員の年額（360,000円）は、本件会社に貸し付けている土地の固定資産税の額を上回っているが、相当地代通達に定める相当の地代の額には満たない。

(ホ) 上記1の(3)のリの(イ)の本件届出書に添付された図面には、本件病院敷地の上に存する本件病院建物及び本件附属建物の位置などは表示されているが、本件薬局敷地及び本件薬局建物は、当該図面に表示されていない。

(3) 検討

本件の争点は、本件評価対象地の評価に当たって相当地代通達を適用すべきか否かであるところ、上記1の(3)のリのとおり、本件被相続人らと本件医療法人が連名で届け出た本件届出書に記載された土地の範囲は、本件評価対象地を含む本件各土地である（別図1参照）。

そして、相当地代通達の適用に当たっては、土地の無償返還に関する届出書の提出を前提とするものであることからすれば、①本件被相続人らと本件医療法人の間の貸借関係が本件評価対象地のどの範囲に及ぶのかを検討した上で、②当該貸借関係に基づき本件各土地を対象として提出された本件届出書は有効なものか否かを検討することで、本件評価対象地の評価方法が決せられることとなる。

　したがって、上記を前提として、以下のとおり検討する。

イ　本件医療法人が本件被相続人らから借り受けた土地の範囲について

　本件被相続人らと本件医療法人が本件賃貸借契約を締結した平成６年１月15日時点において、本件薬局敷地の上には、本件薬局建物が既に存しているところ、上記１の(3)のロのとおり、本件医療法人は、定款上、土地の賃貸等を目的としていないのであるから、本件賃貸借契約書に、貸借する土地について、本件薬局敷地の面積を含めた面積が記載されているとしても、本件医療法人が本件薬局敷地を本件被相続人から賃借して本件会社に転貸する目的があったとは考え難い。

　そして、①上記(2)のロの㈥のとおり、本件届出書に添付された図面には、本件薬局敷地は表示されていないこと、②上記(2)のロの㈢のとおり、平成21年９月以降、本件薬局敷地については、本件会社が本件被相続人らに地代として金員を支払っていること、また、③上記(2)のイの㈥のとおり、本件相続の開始時において、本件評価対象地に係る所有又は使用に関する権利等の変動があったと認めるに足る証拠もないことからすれば、本件相続の開始時において、本件医療法人は、本件被相続人らから本件薬局敷地を借り受けていたものとは認められず、本件病院敷地のみを本件被相続人らから借り受けていたと認めるのが相当である。

ロ　本件届出書の有効性について

　上記１の(3)のリの㈠のとおり、本件評価対象地は、借地権の設定に関し、通常、権利金を支払う取引上の慣行がある地域に所在するところ、上記(2)のイの㈤のとおり、本件医療法人は、平成９年２月、本件評価対象地等の上に本件病院建物を建築する際に、本件被相続人らに権利金を支払っていなかったが、上記１の(3)のへの㈠及びリの㈤のとおり、本件被相続人ら及び本件医療法人は、平成11年８月、本件合意により、本件各土地を将来無償で返還する旨合意し、平成12年11月、本件合意に基づいて、本件届出書を原処分庁に提出した。

　そして、上記１の(3)のトのとおり、本件届出書が提出される前に、本件交換譲

渡土地の一部である別表１の順号３及び順号４の各土地については、本件会社に譲渡されているものの、上記(2)のイの(ニ)及び(ホ)のとおり、原処分庁が、本件被相続人ら及び本件医療法人に対して、本件届出書についての効力が生じない旨を連絡した事実はなく、他方、本件被相続人ら及び本件医療法人が、本件届出書の記載内容に誤りがあったとして原処分庁に届け出た事実もない。

　また、上記(2)のイの(ロ)のとおり、本件合意の時点において、本件被相続人らは、本件各土地を所有していたことからすると、本件各土地について、将来無償返還とする旨を本件医療法人と合意していたものと認められ、その後、上記１の(3)のト及び上記(2)のイの(ニ)のとおり、本件交換譲渡土地の一部である別表１の順号３及び順号４の各土地を本件会社に譲渡しているが、①本件評価対象地については、本件被相続人らが所有した状態にあり、本件相続の開始時において、本件評価対象地に係る所有又は使用に関する権利等の変動があったと認めるに足る証拠もないこと、②上記イのとおり、本件医療法人が本件被相続人らから借り受けていた土地は本件病院敷地であることからすると、本件合意に基づく本件届出書は、本件各土地のうち本件病院敷地に係る部分については、有効なものであると認められる。

ハ　小括

　以上のことからすると、本件相続の開始時において、本件病院敷地は、本件医療法人が本件被相続人らから借り受けていたものであり、また、本件合意に基づく本件届出書は、本件病院敷地に係る部分については有効なものであると認められる以上、たとえ、本件届出書の記載内容のその余の部分に誤り等が見受けられたとしても、本件届出書の「土地の表示」欄に記載した本件各土地のうち本件病院敷地については、本件被相続人らが、本件医療法人から無償返還を受ける合意があったものと認めるのが相当である。

　したがって、本件病院敷地については、相当地代通達の定めにより、評価すべきである。

ニ　本件薬局敷地について

　上記１の(3)のホの(イ)のとおり、本件薬局敷地上には、本件会社が所有する本件薬局建物が存しており、上記(2)のロの(イ)及び(ロ)のとおり、本件会社は、本件薬局建物を建築する際に、本件被相続人らに対し権利金を支払わず、その後平成21年

８月まで、本件薬局敷地を貸借する際に本件被相続人らへ地代を支払っていない。

しかしながら、本件被相続人らと本件会社の間において、本件薬局敷地の賃貸借に係る契約書は存在しないものの、上記１の(3)のホの(イ)のとおり、本件薬局敷地は、昭和55年から現在に至るまで長期間にわたって本件薬局建物の敷地として、本件会社が利用しており、上記(1)のロに照らし、土地の貸借において当事者の一方が法人である場合には、その間の取引は第三者間における取引と同様の経済的合理性に従い行われるべきであるから、将来無償で返還されるという特別の事情のない限り、個人が法人に対して建物の所有を目的として土地を使用させることを許諾したときに、同土地に借地権が設定されたものと認めるべきである。

そして、本件においては、上記(2)のロの(ハ)のとおり、本件薬局敷地に関して土地の無償返還に関する届出書が提出されていないことからすれば、特別の事情は存在せず、また、上記(2)のロの(イ)のとおり、本件会社の貸借対照表に借地権の計上がなく、過去に権利金を認定した課税が行われていないことが推認されるとしても、そのことが本件薬局敷地の利用関係に影響して借地権の目的となっているか否かを左右するものではないのであるから、本件相続の開始時において、本件薬局敷地は借地権の目的となっている宅地と認めるのが相当である。

したがって、本件薬局敷地については、相当地代通達の定めではなく、評価通達25の定めにより、評価すべきである。

(4) 請求人らの主張について

イ 請求人らは、本件病院敷地について、本件届出書の記載事項に誤りがあり、また、添付書類にも誤りがあるから、本件届出書は、無効であり、評価通達25の定めにより本件評価対象地を評価することとなる旨主張する。

しかしながら、本件届出書は、本件病院敷地に係る部分は有効であり、本件病院敷地については、相当地代通達の定めにより評価することとなるのは、上記(3)のロ及びハのとおりである。

したがって、この点に関する請求人らの主張には、理由がない。

ロ また、請求人らは、本件病院敷地について、本件医療法人に対する権利金を認定して課税することが可能な法人税の更正期限を徒過した後に、本件届出書が提出されているから、その提出には合理性はない旨主張する。

しかしながら、本件届出書の提出期限は定められておらず、原処分庁が本件届

出書を有効なものとして取り扱っているのは、上記(2)のイの㈱のとおりである。

　したがって、この点に関する請求人らの主張は、採用できない。

ハ　さらに、本件病院建物は、本件会社が有する土地や本件被相続人らが有する別
　表2の順号2の土地の上にも存しているから、本件評価対象地のみに相当地代通
　達を適用することは合理性がない旨主張する。

　しかしながら、上記1の(3)のトのとおり、本件交換取得土地の一部である別表
　2の順号2の土地は、本件合意を締結した時には、本件会社が所有していたので
　あるから、本件会社が所有する土地について、本件各土地と同様に本件被相続人
　らが無償返還を受けるか否かを決定することはできないし、本件合意書に本件交
　換取得土地の一部である別表2の順号2の土地について本件被相続人らが取得す
　る前に既に記載されていたとしても、上記1の(3)のへの㈣のAのとおり、本件被
　相続人らは、当該土地について、相当の地代を受領する旨、本件医療法人と合意
　していたのであるから、当該土地について、土地の無償返還に関する届出書を提
　出する意思がなかったものと認めるのが相当である。

　したがって、この点に関する請求人らの主張には、理由がない。

ニ　加えて、請求人らは、本件病院敷地について、土地の無償返還に関する届出書
　は、借地権の設定時において、相当の地代の支払がない場合に限り提出できると
　ころ、本件合意書には、相当の地代を支払う旨の記載があり、本件届出書は提出
　できず、本件届出書の提出は本件合意書の記載内容と矛盾する旨主張する。

　しかしながら、請求人らがその主張の根拠とすると思われる法人税基本通達13
　－1－7は地代の額が相当の地代に満たない場合であっても、土地の無償返還に
　関する届出書を提出した場合には、権利金を認定しないことを定めたものであっ
　て、本件届出書の提出の可否を定めたものでない。

　したがって、この点に関する請求人らの主張には、理由がない。

(5)　原処分庁の主張について

　原処分庁は、本件薬局敷地について、本件被相続人らは本件薬局敷地を含む別表
1の順号1－1の土地を本件医療法人へ賃貸しているのであって、別表1の順号
1－1の土地に関する借地権は本件医療法人が有しており、本件医療法人と本件会
社との間で本件薬局敷地の貸借があったとしても、本件被相続人らと本件医療法人
の間の賃貸借契約に影響がない旨主張する。

しかしながら、本件薬局敷地については、本件被相続人らと本件会社との間に貸借関係が認められることは上記(3)のニのとおりであるから、原処分庁の主張はその前提を欠く。

したがって、この点に関する原処分庁の主張には、理由がない。

(6) 本件各更正処分の適法性について

イ 本件病院敷地及び本件薬局敷地等の評価

上記(3)のとおり、本件病院敷地については相当地代通達の定めにより評価することとなるが、本件薬局敷地については評価通達25の定めにより評価することとなる。

ところで、本件各更正処分における本件評価対象地、別表1の順号1-2の各土地及び本件交換取得土地並びにi市k町○-○の各土地（以下、これらの土地を併せて「本件宅地」という。）の評価は、別図2のとおり、本件宅地を一の評価単位として評価しているが、本件宅地のうち、別図2及び別図3の本件薬局敷地については、上記(2)のロの(ロ)及び(ニ)のとおり、本件会社が貸借していることからすると、本件宅地を一の評価単位として評価することはできないから、本件薬局敷地とそれ以外の土地をそれぞれ一の評価単位として別個に評価することとなる。

また、本件宅地は、別図2のとおり、不整形地であるから、本件宅地の価額は、上記(1)のハのとおり、評価通達20の(4)の定めに基づき計算した価額により評価することになるところ、本件宅地は、現実に角地としての効用を有していないことからすれば、評価通達20の(4)に基づき別図4のとおり、近似整形地を求め、隣接する整形地と合わせて全体の整形地の価額を計算してから、隣接する整形地の価額を差し引いた価額を基として計算した上で、本件取扱いにより、側方路線影響加算率に代えて、実際に側方路線に面している間口（距離）を考慮したところで二方路線影響加算率を適用して評価することが相当であると認められる。

以上のことから、当審判所が算定した本件薬局敷地とそれ以外の土地の1㎡当たりの評価額（自用地としての評価額である。）は別表5のとおりとなり、本件宅地の評価額は別表6のとおりとなる（別図3及び4参照）。

ロ 相続税のあん分

本件各更正処分において、上記1の(4)のロのとおり、原処分庁は、相続税の総

額をあん分するに当たって、相続税法基本通達17－1に定める端数調整を行い、請求人らの相続税額を計算している。

　あん分割合について、相続税法第17条《各相続人等の相続税額》は、相続又は遺贈により財産を取得した者に係る相続税額は、その被相続人から相続又は遺贈により財産を取得した全ての者に係る相続税の総額に、当該事由により財産を取得した全ての者に係る相続税の課税価格の合計額のうちに占めるその者の課税価格の割合を乗じて算出した金額とする旨規定するだけで、当該課税価格の割合（あん分割合）の端数調整に関する規定を設けていないことからすると、当該あん分割合の算定に当たっては、原則として端数調整を行わないものと解するのが相当である。

　しかしながら、相続税法基本通達17－1では、あん分割合に小数点以下2位未満の端数がある場合において、相続又は遺贈により財産を取得した者全員が選択した方法により、各財産取得者のあん分割合の合計が1になるようその端数を調整して、各財産取得者の相続税額を計算しているときは、これを認めて差し支えないものとし、この方法を選択した者について更正をする場合には、その選択した方法によって相続税額を計算することができるものとする旨定めている。

　更正をする場合のこの通達の定めは、上記のとおり強制するものではなく、任意とするものであり、これは、通常更正をする場合は、各財産取得者が当初申告した取得財産及びその評価額につき、更正においては異なる判断をされることが多く、すなわち、各財産取得者の相続税の課税価格が更正の前後で異なる額となることが多く、各財産取得者全員が当初申告において選択した端数調整方法を更正において用いると、各財産取得者全員又はその一部の者の意に反する結果となるおそれがあるからであると解される。

　したがって、更正をする場合において、各財産取得者が当初申告において選択した端数調整方法を用いることができるのは、例えば、更正の前後において各財産取得者全員の相続税の課税価格に増減がない場合等、極めて限定的に解するのが相当である。

　これを本件についてみると、別表4の「申告」欄及び「更正処分等」欄のとおり、本件各更正処分の前後で請求人D2及び請求人D3の課税価格が増加していることから、本件各更正処分においては、本件相続に係る相続税のあん分計算に

当たり、妻Ｄ５及び請求人らが選択した方法（相続税法基本通達17－１に定める方法）に依拠することなく、相続税法第17条に基づき端数調整を行わずに請求人らの納付すべき税額を計算するのが相当である。

ハ　総括

以上に基づき、当審判所において、請求人らの本件相続に係る相続税の納付すべき税額を計算すると、別表７のとおり、請求人Ｄ２の納付すべき税額は、更正処分の納付すべき税額を上回るが、請求人Ｄ１及び請求人Ｄ３の納付すべき各税額は、申告した納付すべき税額又は更正処分の納付すべき税額を下回る。

また、本件各更正処分のその他の部分については、請求人らは争わず、当審判所に提出された証拠資料等によっても、これを不相当とする理由は認められない。

したがって、請求人Ｄ２に係る更正処分は、適法であるが、請求人Ｄ１に係る更正処分については、申告した納付すべき税額を下回るから、違法であり、その全部を取り消すべきであり、請求人Ｄ３に係る更正処分については、更正処分の納付すべき税額を下回るから、別紙２のとおり、その一部を取り消すべきである。

(7)　本件各賦課決定処分の適法性について

上記(6)のとおり、請求人Ｄ２に係る更正処分は適法であるが、請求人Ｄ１に係る更正処分については、その全部を、請求人Ｄ３に係る更正処分については、その一部をそれぞれ取り消すこととなる。

他方、請求人Ｄ２及び請求人Ｄ３につき、国税通則法第65条《過少申告加算税》第１項所定の要件を充足するところ、更正処分により納付すべき税額の計算の基礎となった事実が、更正処分前の税額の基礎とされていなかったことについて、同条第４項に規定する正当な理由があるとは認められない。

以上を基に、当審判所において、請求人Ｄ２に係る過少申告加算税の額を計算すると、賦課決定処分における過少申告加算税の額と同額となり適法であるが、請求人Ｄ１及び請求人Ｄ３に係る各更正処分は、それぞれその全部又は一部を取り消すこととなるから、請求人Ｄ１に係る賦課決定処分についてはその全部を、請求人Ｄ３に係る賦課決定処分については、別紙２のとおり、その一部をそれぞれ取り消すべきである。

(8)　結論

よって、請求人Ｄ１及び請求人Ｄ３の審査請求には理由があるから、請求人Ｄ１

に係る原処分の全部を取り消し、そして、請求人Ｄ３に係る原処分の一部を取り消
すこととし、請求人Ｄ２の審査請求には理由がないからこれを棄却することとする。

四　消費税法関係

〈令和元年7月分から令和元年9月分〉

消費税法

事例9 （仕入税額控除　課税仕入れ等の範囲）

　　消費税法第30条第2項第1号の規定により控除する課税仕入れに係る消費税額を計
　算するに当たり、調剤薬品等の課税仕入れは、課税資産の譲渡等とその他の資産の譲
　渡等に共通して要するものに区分すべきと判断した事例（①平成23年10月1日から平
　成24年9月30日までの課税期間の消費税及び地方消費税の更正の請求に対して平成30
　年2月28日付でされた更正をすべき理由がない旨の通知処分、②平成24年10月1日か
　ら平成25年9月30日まで、平成25年10月1日から平成26年9月30日まで、平成26年10
　月1日から平成27年9月30日まで及び平成27年10月1日から平成28年9月30日までの
　各課税期間の消費税及び地方消費税の各更正の請求に対して平成30年8月28日付でさ
　れた更正をすべき理由がない旨の各通知処分・一部取消し・令和元年7月17日裁決）

《ポイント》

　本事例は、請求人が問屋から医薬品等を仕入れた日の状況等を客観的にみれば、仕
入れた医薬品等を全て非課税となる売上げのために使用するとは限らず、課税となる
売上げのために使用する場合もあったと認められるから、当該問屋からの課税仕入れ
については、課税資産の譲渡等のみに要するものにも、その他の資産の譲渡等のみに
要するものにも区分することができず、課税資産の譲渡等とその他の資産の譲渡等に
共通して要するものに区分するのが相当であると判断したものである。

《要旨》

　原処分庁は、請求人が消費税法第30条《仕入れに係る消費税額の控除》第2項第1号
に基づき医薬品等の課税仕入れの用途区分を課税資産の譲渡等以外の資産の譲渡等（そ
の他の資産の譲渡等）のみに要するものに区分したことは、その目的等に照らして合理
的であるから、用途区分を誤っていたことを理由とする請求人の更正の請求は、国税通
則法第23条《更正の請求》第1項第1号の要件を満たさない旨主張する。

　しかしながら、請求人が問屋から医薬品等を仕入れた日の状況等を客観的にみれば、
仕入れた医薬品等を全て非課税となる売上げのために使用するとは限らず、課税となる
売上げのために使用する場合もあったと認められるから、当該問屋からの課税仕入れに
ついては、課税資産の譲渡等のみに要するものにも、その他の資産の譲渡等のみに要す

るものにも区分することができず、課税資産の譲渡等とその他の資産の譲渡等に共通して要するものに区分するのが相当である。よって、請求人が、問屋からの医薬品等の課税仕入れをその他の資産の譲渡等のみに要するものに区分したことは、消費税法第30条第2項第1号の適用を誤ったものと認められ、国税通則法第23条第1項第1号に規定する国税に関する法律の規定に従っていなかった場合に該当する。

《参照条文等》
　消費税法第30条第2項

（令和元年 7 月17日裁決）

《裁決書（抄）》

1 事 実

 (1) 事案の概要

　　本件は、調剤薬局等の事業を営む審査請求人（以下「請求人」という。）が、消費税等の確定申告において、消費税法第30条《仕入れに係る消費税額の控除》第2項第1号の規定により控除する課税仕入れに係る消費税額を計算するに当たり、調剤薬品等の課税仕入れは、課税資産の譲渡等とその他の資産の譲渡等に共通して要するものに区分すべきところ、課税資産の譲渡等以外の資産の譲渡等にのみ要するものに区分したため、納付すべき消費税等の額を過大に算定していたとして、更正の請求をしたところ、原処分庁が、更正をすべき理由がない旨の通知処分を行ったことに対し、請求人が、その全部の取消しを求めた事案である。

 (2) 関係法令等

　　関係法令等は、別紙6のとおりである。なお、別紙6で定義した略語については、以下、本文及び別表においても使用する。

 (3) 基礎事実

　　当審判所の調査及び審理の結果によれば、以下の事実が認められる。

　　なお、以下では、原処分に係る消費税及び地方消費税（以下、併せて「消費税等」という。）の各課税期間について、その個別の終了年月をもって、「平成24年9月課税期間」などと表記し、当該各課税期間を併せて「本件各課税期間」という。

　イ 請求人について

　　請求人は、昭和58年12月○日、医薬品、家庭用衛生日用雑貨等の販売等を目的として設立された法人であり、a市d町において「G」という名称の薬局（以下「本件薬局」という。）を営んでいる。

　　本件薬局は、健康保険法第63条《療養の給付》第3項第1号に規定する厚生労働大臣の指定を受けた保険薬局であり、請求人は、本件薬局において、調剤を取り扱う事業（以下「調剤事業」という。）と市販医薬品や日用雑貨等を取り扱う事業を営んでいる。

　ロ 調剤事業において取り扱う医薬品等の売上げに係る消費税について

　　請求人が調剤事業において取り扱う医薬品等（以下「本件調剤薬品等」とい

う。）の販売には、医師の処方箋に基づく販売のほか、他の薬局への販売などがある。

　これらの販売による売上げのうち、健康保険法等が適用される売上げについては、消費税法第6条及び同法別表第一第6号の規定により消費税が課税されないが、他の薬局への販売やいわゆる自費診療に係る販売など健康保険法等が適用されない売上げについては、消費税が課税される。

(4)　審査請求に至る経緯

　イ　請求人は、別表1の「確定申告」欄のとおり、本件各課税期間の消費税等の確定申告書（以下「本件各確定申告書」という。）をいずれも法定申告期限までに提出した。

　　　なお、本件各課税期間における資産の譲渡等の対価の額等は別表2のとおりである。また、請求人は、本件各確定申告書において、本件各課税期間の控除対象仕入税額の計算について個別対応方式を選択しており、本件調剤薬品等の課税仕入れ（以下「本件調剤仕入れ」という。）については、非課税売上対応分に区分して控除対象仕入税額を算出していた。

　ロ　請求人は、平成29年11月29日、平成24年9月課税期間の消費税等の確定申告について、控除対象仕入税額の計算に当たり、本件調剤仕入れは共通売上対応分に区分すべきところ、非課税売上対応分に区分したため、納付すべき税額を過大に申告していたとして、別表1の「更正の請求」欄のとおり更正の請求をしたところ、原処分庁は、平成30年2月28日付で、更正をすべき理由がない旨の通知処分をした。

　ハ　請求人は、平成30年5月24日、上記ロの通知処分を不服として、再調査の請求をするとともに、平成25年9月課税期間ないし平成28年9月課税期間の各課税期間の消費税等についても、上記ロと同様の理由により、別表1の「更正の請求」欄のとおり更正の請求をした。

　ニ　再調査審理庁は、上記ハの再調査の請求に対し、平成30年7月5日付で、棄却の再調査決定をした。

　ホ　請求人は、平成30年8月8日、上記ニの再調査決定を経た後の上記ロの通知処分に不服があるとして、審査請求をした。

　ヘ　原処分庁は、平成30年8月28日付で、上記ハの各更正の請求に対し、更正をす

べき理由がない旨の各通知処分（以下、上記ロの通知処分と併せて「本件各通知処分」という。）をした。

　ト　請求人は、平成30年10月29日、上記への各通知処分を不服として、審査請求をした。

　チ　上記ホ及びトの各審査請求は、通則法第104条《併合審理等》第１項の規定に基づき、併合して審理されている。

2．争　点

　　請求人が、本件各確定申告書において、本件調剤仕入れの用途区分を全て非課税売上対応分としたことは、通則法第23条第１項第１号に規定する「国税に関する法律の規定に従っていなかったこと」に該当するか。

3　争点についての主張

請求人	原処分庁
本件調剤仕入れに対応する売上げには、その他の資産の譲渡等に該当するものだけでなく、課税資産の譲渡等に該当するものもあることから、請求人が本件調剤仕入れの日において、いずれの用途区分に該当するかの判定を行うことは困難である。また、本件調剤薬品等を売り上げた時に、課税資産の譲渡等又はその他の資産の譲渡等のいずれかに該当するかが明らかになったとしても、売上げと仕入れとを結び付けることができるのは品名及び数量のみであって、仕入れの時期や仕入価格まで結び付けることは困難である。 　以上の状況からすると、本件調剤仕入れは、共通売上対応分に区分すべきであったにもかかわらず、誤って非課税売上対応分として区分していた。	請求人は、本件各確定申告書の控除対象仕入税額の計算において、本件調剤薬品等をその他の資産の譲渡等に使用する目的で仕入れたものであるとして、非課税売上対応分に区分していたものである。加えて、請求人の本件調剤薬品等の販売に係る課税資産の譲渡等の金額がその他の資産の譲渡等の金額に比して僅かであることからしても、請求人は、本件調剤仕入れを行った日の状況により、用途区分を合理的に判定しているといえる。その他においても、申告当時の区分の方法に誤りがあるとは認められないから、請求人が本件各確定申告書において本件調剤仕入れの用途区分を全て非課税売上対応分としたことは、通則法第23条第１項第１号の規定に該当しない。 　そして、消費税法基本通達11－2－20に

したがって、請求人が本件各確定申告書において、本件調剤仕入れの用途区分を全て非課税売上対応分としたことは、通則法第23条第1項第1号に規定する「国税に関する法律の規定に従っていなかったこと」に該当する。	よれば、用途区分の判定が合理的であり、かつ、他の規定により調整が必要でないものについては、遡及して修正する必要がないのであるから、請求人の主張には理由がない。

4　当審判所の判断

(1)　争点（通則法第23条第1項第1号該当性）について

　イ　法令解釈

　　(イ)　通則法第23条第1項第1号は、納付すべき税額が過大となる場合に更正の請求が認められる事由を「当該申告書に記載した課税標準等若しくは税額等の計算が国税に関する法律の規定に従っていなかったこと又は当該計算に誤りがあったこと」の二つの事由に限定して規定しているところ、ここでいう「国税に関する法律の規定に従っていなかったこと」とは、国税に関する法律の解釈適用についての誤りがあったことを意味し、申告当時において上記の誤りが生じていたことによって納付すべき税額が過大となる場合に、同項の適用が認められると解するのが相当である。

　　(ロ)　個別対応方式（消費税法第30条第2項第1号）により控除対象仕入税額を計算する場合には、各課税仕入れを「課税資産の譲渡等にのみ要するもの（課税売上対応分）」、「その他の資産の譲渡等にのみ要するもの（非課税売上対応分）」又は「課税資産の譲渡等とその他の資産の譲渡等に共通して要するもの（共通売上対応分）」のいずれかの用途区分に区分しなければならず、よって、課税資産の譲渡等にのみ要するものにも、その他の資産の譲渡等にのみ要するものにも該当しない課税仕入れについては、全て共通売上対応分に区分することになる。

　　　　また、消費税法基本通達11－2－20は、個別対応方式により仕入れに係る消費税額を計算する場合の用途区分の判定は、課税仕入れを行った日の状況により行うこととなる旨を定めており、当該取扱いは、消費税法第30条が「要するもの」と規定し、「要したもの」とは規定していないことからみて、当審判所

においても相当と認められる。

　　そして、用途区分の判定に当たっては、課税仕入れを行った日の状況等に基づき、当該課税仕入れをした事業者が有する目的、意図等諸般の事情を勘案し、当該事業者において行う将来の多様な取引のうちどのような取引に要するものであるのかを客観的に判断すると解するのが相当である。

ロ　認定事実

　　請求人提出資料並びに当審判所の調査及び審理の結果によれば、次の事実が認められる。

(イ)　請求人は、本件調剤薬品等については、基本的に問屋から仕入れていたが、患者が持参した処方箋に記載された医薬品等の在庫が本件薬局にないときには、他の薬局から仕入れることもあった（以下、本件調剤薬品等を問屋から仕入れることを「本件調剤問屋仕入れ」といい、他の薬局から仕入れることを「本件調剤他薬局仕入れ」という。）。

　　請求人は、本件調剤他薬局仕入れにより仕入れた本件調剤薬品等については、全て健康保険法等が適用される販売のために使用しており、健康保険法等が適用されないいわゆる自費診療等に係る販売のために、本件調剤他薬局仕入れを行ったことはない。

(ロ)　請求人は、本件調剤薬品等につき、その大半を医師の処方箋に基づいて患者に対して販売していたが、上記(イ)と同様の理由で他の薬局から求められた場合には、当該他の薬局に対して本件調剤薬品等を販売することがあり、本件各課税期間においても、このような他の薬局への販売は、毎年、300回程度あった。また、いわゆる自費診療に係る販売も、毎年、少なくとも20回以上あった（請求人提出資料）。

ハ　検討

(イ)　上記ロのとおり、請求人は、本件各課税期間において、毎年、日常的に他の薬局との間で本件調剤薬品等を融通し合っていたところ、これは、薬局業務を行う事業者が、薬局の地域保健医療の担い手としての公共的使命として、地域の実情に応じ必要な調剤用医薬品を備蓄するとともに、患者等が持参した処方箋に在庫のない医薬品が処方されていた場合に備えて、地域薬局間での医薬品の分譲等により、迅速に調剤用医薬品が調達できる体制を講じておくことなど

が求められていること（平成5年4月30日厚生省（現厚生労働省）策定の「薬局業務運営ガイドライン」参照）に基づくものであり、請求人が本件各課税期間以前から同様の事業内容であった（当審判所の調査の結果）ことからしても、請求人は、本件各課税期間以前から、こうした他の薬局への販売を当然に行っていたと認められるところである。

このように、請求人は、本件調剤問屋仕入れにより仕入れた本件調剤薬品等については、本件各課税期間以前から、医師の処方箋に基づいて販売するだけではなく、他の薬局からの都度の要請という仕入れ後の事情により、一定数は必ず当該他の薬局へ販売する状況にあったと認められるのであり、そうすると、請求人が本件各課税期間において本件調剤問屋仕入れを行った日の状況としては、本件調剤問屋仕入れにより仕入れた本件調剤薬品等は、将来、その他の資産の譲渡等のみに要するとはいえず、仕入れ後の事情により、課税資産の譲渡等に要することも予定されていたと認められるから、本件調剤問屋仕入れについては、非課税売上対応分にも課税売上対応分にも該当せず、よって、共通売上対応分に区分するのが相当である。

したがって、請求人が、本件調剤問屋仕入れを共通売上対応分に区分せず、非課税売上対応分に区分して控除対象仕入税額を計算したことは、消費税法第30条第2項第1号の適用について誤りがあったと認められる。

(ロ) 他方、本件調剤他薬局仕入れにより仕入れた本件調剤薬品等については、上記ロの(イ)からすると、その仕入れを行った日の状況としては、健康保険法等が適用される販売、すなわち、その他の資産の譲渡等にのみ要すると認められるから、用途区分は非課税売上対応分とするのが相当である。

(ハ) 以上のとおり、請求人が、本件各確定申告書における控除対象仕入税額の計算に当たり、本件調剤他薬局仕入れを非課税売上対応分と区分したことには誤りはないが、本件調剤問屋仕入れを共通売上対応分とせずに非課税売上対応分に区分したことは、通則法第23条第1項第1号に規定する「国税に関する法律の規定に従っていなかったこと」に該当する。

ニ 原処分庁の主張について

原処分庁は、請求人が、本件調剤薬品等をその他の資産の譲渡等に使用する目的で仕入れ、非課税売上対応分に区分しており、請求人の本件調剤薬品等の販売

に係る課税資産の譲渡等の金額がその他の資産の譲渡等の金額に比して僅かであ
ることからしても、請求人は、本件調剤仕入れを行った日の状況により、用途区
分を合理的に判定しているといえる旨主張する。

　　しかしながら、請求人の本件調剤薬品等の販売に係る課税資産の譲渡等の金額
が、その他の資産の譲渡等の金額に比して僅かであるとしても、本件各課税期間
を通じて毎年必ず存在していることは上記ロの(ロ)のとおりであって、本件調剤問
屋仕入れを行った日における請求人の主観的な意図等はともかくとして、上記ハ
の(イ)のとおり、当該仕入れを行った日の状況等を客観的にみれば、請求人が仕入
れた本件調剤薬品等が、その他の資産の譲渡等だけでなく、課税資産の譲渡等に
使用されることも予定されていたというべきであるから、請求人が、その仕入れ
を行った日の状況において、本件調剤薬品等を非課税売上対応分に区分したこと
が合理的であったとは認められない。

　　よって、本件調剤問屋仕入れについては、原処分庁の主張は、採用すること
ができない。

　　他方、上記ハの(ロ)のとおり、本件調剤他薬局仕入れについては、請求人が非課
税売上対応分として区分したことに誤りはないと認められるから、本件調剤他薬
局仕入れに係る原処分庁の主張は相当である。

(2) 本件各通知処分の適法性について

　　上記(1)のハのとおり、請求人が、本件各課税期間における控除対象仕入税額を計
算するに当たり、本件調剤仕入れを全て非課税売上対応分として区分していたこと
は誤りであり、本件調剤問屋仕入れについては共通売上対応分に区分して控除対象
仕入税額を計算すべきであった。

　　以上を前提に、請求人の本件各課税期間における本件調剤問屋仕入れに係る控除
対象仕入税額を計算すると、別表3の「本件調剤問屋仕入れに係る控除対象仕入税
額（⑤）」欄のとおりとなり、これに基づき、本件各課税期間の納付すべき消費税
等の額を計算すると、別表4の「審判所認定額」欄のとおりとなるところ、当審判
所の認定額は、いずれも原処分額を下回る。

　　なお、本件各通知処分のその他の部分については、請求人は争わず、当審判所に
提出された証拠資料等によっても、これを不相当とする理由は認められない。

　　したがって、本件各通知処分は、いずれもその一部を別紙1ないし別紙5の「取

消額等計算書」のとおり取り消すべきである。

(3) 結論

　よって、審査請求には上記(2)の一部取消しを求める限度で理由があるので、原処分をその限度で一部取り消すこととする。

別表1　審査請求に至る経緯（省略）

別表2　資産の譲渡等の対価の額等（省略）

別表3　本件調剤問屋仕入れに係る控除対象仕入税額（審判所認定額）（省略）

別表4　消費税等の合計税額（省略）

別紙1から5　取消額等計算書（省略）

別紙6

関係法令等

1　国税通則法（平成27年法律第9号による改正前のもの。以下「通則法」という。）第23条《更正の請求》第1項第1号は、納税申告書を提出した者は、当該申告書に記載した課税標準等若しくは税額等の計算が国税に関する法律の規定に従っていなかったこと又は当該計算に誤りがあったことにより、当該申告書の提出により納付すべき税額が過大である場合には、当該申告書に係る国税の法定申告期限から5年以内に限り、税務署長に対し、その申告に係る課税標準等又は税額等につき更正をすべき旨の請求をすることができる旨規定している。

2　消費税法（平成26年4月1日前に行う課税仕入れについては、平成24年法律第68号による改正前のもの、同日以後平成27年10月1日前に行う課税仕入れについては、平成27年法律第9号による改正前のもの、同日以後に行う課税仕入れについては、平成28年法律第15号による改正前のもの。以下、各課税仕入れに対応する法律を指すものとする。）第6条《非課税》第1項は、国内において行われる資産の譲渡等のうち、別表第一に掲げるものには、消費税を課さない旨規定しているところ、同表第6号には、健康保険法、国民健康保険法、船員保険法、国家公務員共済組合法、地方公務員等共済組合法及び私立学校教職員共済法（以下、これらを併せて「健康保険法等」という。）の規定に基づく療養の給付等が掲げられている。

3　消費税法第30条第1項は、事業者が、国内において課税仕入れ（特定課税仕入れに該当するものを除く。以下同じ。）を行った場合には、当該課税仕入れを行った日の属する課税期間の課税標準額に対する消費税額から、当該課税期間中に国内において行った課税仕入れに係る消費税額を控除する旨規定している。

　　また、同条第2項第1号は、同条第1項の場合において、同項に規定する課税期間における課税売上高が5億円を超えるとき、又は当該課税期間における課税売上割合が100分の95に満たないときは、同項の規定により控除する課税仕入れに係る消費税額（以下「控除対象仕入税額」という。）は、同項の規定にかかわらず、当該課税期間中に国内において行った課税仕入れにつき、課税資産の譲渡等にのみ要するもの（以下「課税売上対応分」という。）、課税資産の譲渡等以外の資産の譲渡等（以下

「その他の資産の譲渡等」という。）にのみ要するもの（以下「非課税売上対応分」という。）及び課税資産の譲渡等とその他の資産の譲渡等に共通して要するもの（以下「共通売上対応分」という。）にその区分（以下、課税売上対応分、非課税売上対応分及び共通売上対応分の各区分を「用途区分」という。）が明らかにされている場合は、課税売上対応分の税額の合計額に、共通売上対応分の税額の合計額に課税売上割合を乗じて計算した金額を加算する方法（以下、この方法を「個別対応方式」という。）により計算した金額とする旨規定している。

4　消費税法基本通達11—2—20《課税仕入れ等の用途区分の判定時期》は、個別対応方式により仕入れに係る消費税額を計算する場合において、課税仕入れ及び保税地域から引き取った課税貨物を課税資産の譲渡等にのみ要するもの、その他の資産の譲渡等にのみ要するもの及び課税資産の譲渡等とその他の資産の譲渡等に共通して要するものに区分する場合の当該区分は、課税仕入れを行った日又は課税貨物を引き取った日の状況により行うこととなるのであるが、課税仕入れを行った日又は課税貨物を引き取った日において、当該区分が明らかにされていない場合で、その日の属する課税期間の末日までに、当該区分が明らかにされたときは、その明らかにされた区分によって法第30条第2項第1号の規定を適用することとして差し支えない旨定めている。

五　国税徴収法関係

〈令和元年7月分から令和元年9月分〉

国税徴収法

事例10（差押財産の帰属の認定　動産）

> 　差押処分の前に差押財産を商品売買契約により取得し、引渡しを受け対抗要件を備えたとの請求人の主張について、商品売買契約書により売買の意思表示は認められるものの、売買の意思表示が同契約書作成時にされたとは認められないとした事例（動産の差押処分・棄却・令和元年7月8日裁決）
>
> 《ポイント》
> 　本事例は、直接証拠として提出された商品売買契約書について、その証拠力の適切な検討を踏まえて、請求人と滞納法人との商品売買契約の成否について、当事者の真意を事実認定のプロセスに則り適切に認定し、書証の区分による判断の枠組みに従い適切な法的構成により判断したものである。

《要旨》

　請求人は、原処分庁が差し押さえた各動産のうち動産1（動産1）の所有権は、請求人が徴収職員に提示した商品売買契約書（本件商品売買契約書）による契約（本件商品売買契約）により当該各動産の各差押処分時（本件各差押処分時）までに、滞納法人から請求人に移転している旨主張する。

　しかしながら、①本件商品売買契約書によって本件商品売買契約が本件各差押処分より前に成立しているとは認められないこと、②本件商品売買契約書に滞納法人の代表取締役として記名のある者は、本件商品売買契約時において滞納法人の業務について執行する権限を有していないこと、③本件商品売買契約に基づき滞納法人から請求人に対し本件各差押処分より前に動産1の引渡し（占有改定）が行われていたと認められないこと、以上から、本件商品売買契約により本件各差押処分時までに、動産1の所有権が滞納法人から請求人に移転していたとは認められない。

　また、請求人は、原処分庁が差し押さえた各動産のうち動産2（動産2）は、請求人から滞納法人に販売を委託したものであるとも主張するが、この主張を認めるに足りる証拠はないことから、本件各差押処分時における、動産2の所有者は滞納法人であると認められる。

《参照条文等》

　民法第186条

　国税徴収法第56条第 1 項

　会社法第363条第 1 項

　会社法第362条第 2 項第 3 号、第 3 項

《参考判決・裁決》

　民法第186条

　最高裁昭和41年12月20日第三小法廷判決（民集20巻10号2160頁）

（令和元年7月8日裁決）

《裁決書（抄）》

1 事 実

(1) 事案の概要

　　本件は、原処分庁が、納税者J2社（以下「滞納法人」という。）の滞納国税を徴収するために、滞納法人が運営する2つの店舗内にある動産（宝飾品）を差し押さえたのに対し、審査請求人（以下「請求人」という。）が、当該動産は請求人が滞納法人に販売を委託した請求人の所有財産であるとして、原処分の全部の取消しを求めた事案である。

(2) 関係法令

　イ　民法第186条《占有の態様等に関する推定》第1項は、占有者は、所有の意思をもって、善意で、平穏に、かつ、公然と占有をするものと推定する旨規定している。

　ロ　国税徴収法（以下「徴収法」という。）第56条《差押の手続及び効力発生時期等》第1項は、動産又は有価証券の差押は、徴収職員がその財産を占有して行う旨、同条第2項は、前項の差押の効力は、徴収職員がその財産を占有した時に生ずる旨規定している。

(3) 基礎事実及び審査請求に至る経緯

　　当審判所の調査及び審理の結果によれば、以下の事実が認められる。

　イ　請求人は、宝石等の製造販売を主たる事業とする法人で、代表取締役はK1（以下「K1社長」という。）である。

　ロ　滞納法人は、宝石等の製造販売を主たる事業とする法人で、代表取締役はK2（以下「K2社長」という。）である。

　　K2社長は、平成30年2月14日に代表取締役に就任（同年3月14日登記）しているところ、その前の代表取締役は、平成27年10月5日に就任（同月19日登記）し、平成30年2月14日に辞任（同年3月14日登記）したK3（以下「K3前社長」という。）であり、その前の代表取締役は、平成27年7月27日に就任（同年8月6日登記）し、同年10月○日に死亡（同月19日登記）したK4である。

　ハ　請求人と滞納法人は、J3社（以下「親会社」という。）を中心とするグループ企業の一員である。

ニ　請求人及び滞納法人は、平成27年8月1日、売買基本契約書（以下「本件売買基本契約書」という。）により、要旨次のとおりの売買基本契約（以下「本件売買基本契約」という。）を締結した。

　　(イ)　第1条（目的）

　　　　本契約は、請求人と滞納法人との間における宝飾品及びその原材料の売買における共通の取引条件を規定するものであって、請求人と滞納法人との間における宝飾品及びその原材料の全ての売買に適用される。ただし、個別売買契約において本契約と異なる事項を定めた場合は個別売買契約が優先する。

　　(ロ)　第2条（売買）

　　　　請求人は宝飾品及びその原材料を継続的に滞納法人に売り渡し、滞納法人はこれを買い受ける。

　　(ハ)　第4条（引渡条件）

　　　　請求人は滞納法人に対して、宝飾品及びその原材料を滞納法人の本店（a県b市e町〇－〇）において引き渡す。

　　(ニ)　第5条（所有権の移転）

　　　　宝飾品及びその原材料の所有権は、第4条に定める引渡し時をもって、請求人から滞納法人に移転する。

　　(ホ)　契約当事者の記名欄

　　　　請求人は「代表取締役K1」と、滞納法人は「代表取締役K4」との記名がある。

　　(ヘ)　記名欄の押印

　　　　請求人、滞納法人共に、法務局に登録されていない印章（以下「認印」という。）で押印されている。

ホ　請求人及び滞納法人は、平成29年8月31日、譲渡契約書（以下「本件譲渡契約書」という。）により、要旨次のとおりの譲渡契約を締結した。

　　(イ)　第1条（目的）

　　　　滞納法人は、滞納法人の有する権利を店舗目録に記載の譲渡日をもって、請求人に譲渡し、請求人はこれを譲り受ける。

　　(ロ)　第2条（譲渡対象となる権利）

　　　　第1条で譲渡する権利は、店舗目録に記載の店舗の賃借権及び差入保証金等

の返還請求権に加え、店舗の内装及び什器・備品一切の所有権である。

　　(ハ)　第3条（譲渡代金）

　　　　譲渡代金は、平成29年8月末固定資産帳簿簿価価格により店舗ごとに個別算定し、店舗目録に記載のとおりとする。

　　(ニ)　契約当事者の記名欄

　　　　請求人は「代表取締役K1」と、滞納法人は「代表取締役K3」との記名がある。

　　(ホ)　記名欄の押印

　　　　請求人、滞納法人共に、認印で押印されている。

　ヘ　M税務署長は、滞納法人が納付すべき別表1記載の国税（以下「本件滞納国税」という。）について、同表の「督促年月日」欄記載の各日付で、滞納法人に対し、それぞれ督促状によりその納付を督促した。

　ト　K1社長とK2社長は、平成30年3月26日、N公証役場において、要旨次のとおりの債務弁済契約公正証書（以下「本件公正証書」という。）を作成し、債務弁済契約を締結した。

　　(イ)　第1条（債務の確認）

　　　　滞納法人は、請求人に対し、継続的宝飾品売買取引（取引期間：平成29年5月1日から平成30年2月28日まで）に基づく未払宝飾品売買代金として、195,394,821円の支払義務があることを認める。

　　(ロ)　第2条（弁済の方法）

　　　　滞納法人は、請求人に対し、平成30年4月2日限りで191,287,581円を、同年5月1日限りで4,107,240円を、それぞれ請求人の指定する口座に振り込んで支払う。

　　(ハ)　第4条（強制執行認諾）

　　　　滞納法人は、本件公正証書に記載の金銭債務を履行しないときは、直ちに強制執行に服する旨陳述した。

　　(ニ)　署名欄

　　　　請求人はK1社長が、滞納法人はK2社長が、それぞれ署名している。

　　(ホ)　署名欄のなつ印

　　　　請求人、滞納法人共に、法務局に登録された印章（以下「実印」という。）

でなつ印されている。

チ　原処分庁は、平成30年3月28日までに、国税通則法第43条《国税の徴収の所轄庁》第3項の規定に基づき、本件滞納国税について、M税務署長から徴収の引継ぎを受けた。

リ　原処分庁所属の徴収職員（以下「徴収職員」という。）は、平成30年4月24日、本件滞納国税を徴収するため、徴収法第142条《捜索の権限及び方法》の規定に基づき、滞納法人の本社事務所、f店及びg店（以下、f店及びg店を併せて「本件各店舗」という。）内を捜索した。そして、徴収職員は、本件各店舗において、同法第47条《差押の要件》第1項第1号及び同法第56条第1項の規定に基づき、別表2－1及び別表2－2並びに別表3－1及び別表3－2記載の宝飾品を占有して差し押さえ（以下、これらの差押処分を併せて「本件各差押処分」といい、別表2－1及び別表2－2の各差押財産を併せて「動産1」といい、別表3－1及び別表3－2の各差押財産を併せて「動産2」といい、動産1及び動産2を併せて「本件各差押財産」という。）、本件各差押処分に係る差押調書謄本をそれぞれ滞納法人に交付した。他方、K2社長は、滞納法人の本社事務所において、徴収職員に対し、請求人の事務所内にあったとして、平成30年2月28日付の商品売買契約書（以下「本件商品売買契約書」といい、本件商品売買契約書による契約を「本件商品売買契約」という。）を提示した。その要旨は、次のとおりである。ただし、次の(ロ)の第2条で参照とされた明細別添資料は、添付されていなかった。

(イ)　第1条

滞納法人は、店頭存置のものを含む全ての在庫商品を請求人に売り渡し、請求人はこれを買い受ける。

(ロ)　第2条

商品の売買代金は133,673,494円（税抜き）（明細別添資料参照）とし、売買代金（税込み）は請求人が滞納法人に対して有する売掛金債権から控除充当（以下「本件相殺」という。）することとする。

(ハ)　第3条

第1条の商品は、請求人の指定する場所において引渡しを行うものとし、所有権は本契約成立と同時に移転するものとする。

㈡　本契約の成立を証するため、本書２通を作成し、双方記名なつ印のうえ各１通を保有する。

㈭　契約当事者の記名欄

請求人は「代表取締役Ｋ１」と、滞納法人は「代表取締役Ｋ３」との記名がある。

㈬　記名欄の押印

請求人、滞納法人共に、実印で押印されている。

ヌ　請求人は、平成30年７月24日、本件各差押処分に不服があるとして審査請求をした。

２　争　点

本件各差押財産は、本件各差押処分時において滞納法人の所有財産であるか否か。

３　争点についての主張

原処分庁	請求人
(1)　動産１については、滞納法人が、本件各差押処分時に、所持し、占有していたことから、民法の規定により、所有の意思をもって占有しているものと推定される。そして、次のイないしホのことから、本件各差押処分時において本件商品売買契約書に記載された内容の売買契約には滞納法人の意思表示はなく、請求人が平成30年２月28日付で動産１の所有権を取得したとは認められず、上記推定は破られないから、動産１は、本件各差押処分時においては滞納法人の所有財産である。	(1)　動産１については、滞納法人の所有財産であったものの、次のイないしホのことから、本件各差押処分時においては請求人の所有財産である。
イ　Ｋ２社長は、平成30年４月13日、徴収職員が現況の商品仕入れに係る契約・形態について聴取した際、請求人	イ　動産１は、平成30年２月28日に締結した本件商品売買契約により、その所有権は、平成30年２月28日をもって滞

から買取りで仕入れている旨説明し、後日これを証する契約書を用意しておくと述べた上で、本件各差押処分の当日、上記契約書として本件売買基本契約書を提示するとともに、本件売買基本契約書を有効であると述べていた。

納法人から請求人に移転しており、かつ、請求人から滞納法人に販売を委託したものである。本件譲渡契約書のとおり、滞納法人は、ｆ店、ｇ店等の一部店舗を除く各店舗の賃借権及び什器備品一切を請求人に譲渡する旨の契約を締結し、平成30年1月頃にその全てが完了したことに伴い、動産1を含む滞納法人所有の全ての在庫商品を本件商品売買契約によって、平成30年2月28日付で滞納法人が請求人に譲渡することにしたものである。上記譲渡については、税理士等も交えて平成29年12月下旬には決定していた。このような経緯からしても、滞納法人が請求人に対して当該譲渡を行う意思があったことは疑いの余地がなく、本件商品売買契約が作成日付で成立していることは明らかである。

なお、Ｋ2社長が平成30年4月13日に徴収職員に説明したのは、同年2月までの取引についてであった。

ロ　Ｋ2社長は、徴収職員が本件売買基本契約書に基づき本件各差押処分をしようとしたところ、突然、商品の仕入形態は委託販売であると聞いている旨を申し出た。そして、その段階では委託販売を証する契約書の提示はなく、滞納法人の事務所内を捜索しても存在

ロ　Ｋ2社長は、本件各差押処分の当日においては当初から滞納法人と請求人との取引について委託販売であると説明しており、途中で取引形態に関する説明を変更していない。

しなかった。

ハ　本件商品売買契約書は、本件各差押処分の当日、Ｋ２社長が上記ロの本件売買基本契約書の提示後にＫ３前社長等と複数回電話で連絡を取り合った後で請求人の事務所内で発見され、請求人の従業員から提示されたものである。また、Ｋ２社長は、本件各差押処分の当日において、本件商品売買契約書の存在を知らなかったことから、本件商品売買契約書は、請求人の事務所内で、代表者であるＫ２社長の意思に基づかずに作成されたものと認められる。そして、本件各店舗の従業員らも本件商品売買契約書の存在を知らなかった。

ニ　本件商品売買契約書には、滞納法人を代表する立場にないＫ３前社長の氏名が記載され、親会社に保管されていた代表者印が押なつされている。そして、本件商品売買契約書は、２通作成の上、請求人と滞納法人が各１通ずつ保有することになっているにもかかわらず、滞納法人は保有していない。

ハ　Ｋ２社長が滞納法人の代表取締役として実質的に就任したのは就任登記がなされた平成30年３月14日以降であり、滞納法人の取引関係や契約関係を十分に把握していなかったことから、徴収職員に対し正確に説明するためＫ３前社長等に確認しても何ら不自然ではない。

ニ　Ｋ３前社長の辞任は、商業登記簿上平成30年２月14日であるが、登記がされた同年３月14日頃までは、Ｋ３前社長が滞納法人の代表取締役としての職務を行っていたものであり、本件商品売買契約書上の滞納法人の代表取締役がＫ３前社長であることは、むしろ実態に即している。また、本件商品売買契約書に押なつされた滞納法人の印影は実印であり、その他の事項も含め、原処分庁の主張する左欄(1)のニの各事実は本件商品売買契約の効力に何ら影響するものではない。

ホ　本件公正証書は、請求人が滞納法人に対して195,394,821円の債権額を有していることを確認するものであり、請求人と滞納法人の間で、平成30年３月26日に作成されたものであることが認められるところ、上記債権額の中には、本件相殺の額が含まれているというのであるから、本件商品売買契約書は、少なくとも本件公正証書の作成日より前には成立していなかったと解される。また、本件公正証書の金額に本件相殺の額が含まれているのであれば、本件相殺の経理処理前であったとしても本件公正証書と本件商品売買契約書の内容は矛盾する。さらに、平成30年４月26日に本件相殺の仕訳処理をしたというものの、その後も本件公正証書の債権債務の誤りを訂正した事実は認められない。なお、そもそも本件相殺の額が本件公正証書の金額の約７割を占めているにもかかわらず、本件公正証書に本件相殺が反映されていないということは、極めて不自然である。

(2)　動産２についても、滞納法人が本件各差押処分時に、所持し、占有していたことから、民法の規定により、所有の意思をもって占有しているものと推定されるところ、当該推定を破る事実は認められ

ホ　本件公正証書は、請求人が滞納法人に対して有する売掛金債権について、公的な書面によりその債権を確定し、執行力ある証書によって保全するために、親会社からの要請に基づき作成したものであり、本件公正証書に記載した請求人の滞納法人に対する債権額の中に、本件相殺の額が含まれてしまったのは、本件公正証書作成時、請求人の２月末決算の集計作業中であり、経理担当者に本件相殺のことが伝えられていなかったため、本件相殺前の金額に基づいて作成されてしまったからにすぎない。なお、本件公正証書の作成時点では本件相殺の仕訳処理がされていなかったが、平成30年４月26日に行った。

(2)　動産２については、本件商品売買契約を締結した後の平成30年３月１日以降、請求人と滞納法人との間で本件売買基本契約に基づく取引を行った事実はなく、請求人から滞納法人に販売を委託したも

ないから、本件各差押処分時において滞納法人が所有する財産である。なお、K2社長は、本件各差押処分の当日、委託販売に関する事実を証明できる書類は今のところないと申述した。	のであるから、請求人の所有財産である。
(3) したがって、本件各差押財産は、いずれも本件各差押処分時において滞納法人の所有財産である。	(3) したがって、本件各差押財産は、いずれも本件各差押処分時において請求人の所有財産である。

4 当審判所の判断

(1) はじめに

イ 原処分庁は、滞納法人が本件各店舗において占有していた本件各差押財産について、民法第186条第1項の規定により、その所有者が滞納法人であると推定されること、及び本件売買基本契約書が存在していることをもって、本件各差押財産の所有者はいずれも滞納法人であるとして本件各差押処分をしている。

ロ 請求人は、本件各差押財産を滞納法人が占有していたこと、及び本件売買基本契約が本件各差押処分時においても有効であったことについては争わず、当審判所の調査及び審理の結果によっても、これらのことは認められる。

そうすると、本件売買基本契約は、上記1の(3)のニのとおり、請求人と滞納法人との間における宝飾品の全ての売買に適用され（第1条）、請求人と滞納法人は継続的に売買し（第2条）、請求人は滞納法人に対して宝飾品を滞納法人の本店において引渡しをし（第4条）、この引渡しをもって宝飾品の所有権は請求人から滞納法人に移転する（第5条）旨、及び個別売買契約において異なる事項を定めた場合は個別売買契約が優先する（第1条ただし書）旨定めているのであるから、本件各差押財産について、本件売買基本契約以外の契約に基づき請求人から滞納法人に引渡しがされたと認められる特段の反証のない限り、請求人から滞納法人に引渡しがされている宝飾品は、本件売買基本契約に基づき、請求人から滞納法人に所有権が移転したものと認めるのが相当である。

ハ そこで、動産1については、本件商品売買契約により、本件各差押処分時までに、その所有権が滞納法人から請求人に移転していると認められるか否かについ

て、また、動産2については、本件売買基本契約によらず、請求人から滞納法人に販売を委託したものであると認められるか否かについて、以下、検討する。

(2) 動産1について

イ 認定事実

請求人提出資料、原処分関係資料並びに当審判所の調査及び審理の結果によれば、以下の事実が認められる。

(イ) 滞納法人の平成30年2月14日付の取締役会議事録には、K3前社長の代表取締役の辞任及びK2社長の代表取締役の就任を決議した旨記載され、K3前社長及びK2社長を含む出席者全員の記名押印がされている。そして、当該取締役会議事録に、滞納法人の業務を執行する取締役としてK3前社長を選定する旨の記載はない一方、K2社長は、平成30年2月14日付で、滞納法人の代表取締役に就任することを承諾している。

(ロ) 動産1について、平成30年3月1日以降、請求人が滞納法人に対して販売を委託したと認められる契約書、委託書等はない。

(ハ) 本件公正証書は、滞納法人の請求人に対する債務を確定させること、滞納法人が返済不能となった場合に返済不能となった額を請求人において損金処理できるようにすることなどのために作成したものである。そして、本件公正証書の第1条（債務の確認）に記載されている滞納法人の請求人に対する未払宝飾品売買代金の金額には、本件相殺がされていない金額が記載されている。

(ニ) 本件商品売買契約書は、本件各差押処分の当日、滞納法人から本件商品売買契約書を所持しているとして呈示されることなく、徴収職員の捜索によっても、滞納法人の本社事務所内で発見されなかった。また、K2社長は、本件各差押処分時、本件商品売買契約書の存在を知らなかった。

(ホ) 本件相殺に係る会計処理は、請求人は平成30年4月26日に行い、滞納法人は同年11月21日に行った。

(ヘ) 請求人が、本審査請求後の平成30年10月22日、本件商品売買契約書の第2条に記載されている明細別添資料として提出した「製品在庫明細」と題するA4版で110枚の書面（以下「本件売買対象商品明細」という。）によると、本件商品売買契約の対象とされた商品は24,928個（133,673,494円）であり、このうち、f店に係る商品は464個（5,044,573円）、g店に係る商品は1,299個（3,078,649円）

である。

ロ　本件商品売買契約書に関する関係人の答述要旨

　㈠　Ｋ１社長

　　Ａ　私は、グループの会長であり父であるＫ５の指示に従って、本件商品売買契約書に請求人の実印を押印した。

　　Ｂ　本件商品売買契約書に押印されている滞納法人の実印は、私が管理している実印をＫ３前社長に渡したので、Ｋ３前社長が押印したものと思う。

　　㈡　Ｋ３前社長

　　Ａ　平成30年12月13日の答述内容

　　　㈠　本件商品売買契約書の文面は、私が作成した。

　　　㈡　本件商品売買契約書の文面は、平成30年1月末で作成する予定だったが、滞納法人における実地棚卸しが同年2月末に予定されていたことから、これを待って正確な金額が判明する同月28日時点の作成とした。

　　　㈢　本件商品売買契約書の文面は、2月末の実地棚卸しの際には商品の評価損の計算が必要であること、また、私が、Ｋ５から滞納法人を平成30年3月9日に退職し、同月10日から別会社の職に就くようにと告げられていたことから、退職予定日である同月9日の週に作成した。

　　　㈣　本件商品売買契約書の明細別添資料は、商品部が作成した資料で数枚あったと思う。

　　　㈤　本件商品売買契約書の文面は作成したが、本件商品売買契約書に押印された印が実印なのであれば、私は押印していない。

　　　㈥　本件商品売買契約書に滞納法人の印を押したのは、誰なのか分からない。

　　　㈦　私が管理していた印章は、右上の部分が欠けており、印影を見れば判別できる。私は滞納法人の実印を見たことはないが、本件商品売買契約書に押印されている印影は右上の部分が欠けていないので、滞納法人の実印ではないか。

　　　㈧　滞納法人の実印の押印が必要な場合は、押印の必要な書類を親会社に持って行き、押印が済んだら連絡が来るので、取りに行っていた。

　　Ｂ　平成31年2月28日の答述内容

　　　㈠　本件商品売買契約書の文面は、平成30年3月1日から私が滞納法人の代

表取締役として業務を行っていた同月９日までの間に、滞納法人の商品部から在庫商品の金額を確認し、作成した。

(B) 本件商品売買契約書の明細別添資料は、別途保管という認識であったことから、私が作成した時点では本件商品売買契約書に添付していない。

(C) 平成30年３月５日から９日の間のいずれかの日に、親会社へ本件商品売買契約書を持参し滞納法人の実印の押印を依頼した。その後、時期は定かでなく、また、自分で取りに行ったのか、親会社の社員が持ってきてくれたのかも定かではないが、滞納法人の実印が押印された本件商品売買契約書が私のところに戻ってきたのではないかと思う。

ハ 検討

本件商品売買契約により、本件各差押処分時までに、動産１の所有権が滞納法人から請求人に移転していると認められるためには、①本件商品売買契約書によって本件商品売買契約が本件各差押処分より前に成立していること、②本件商品売買契約時においてＫ３前社長が滞納法人の業務について執行する権限を有していたこと、③本件商品売買契約に基づき滞納法人から請求人に対し本件各差押処分より前に動産１の引渡し（占有改定）が行われていることが必要であるので、以下、検討する。

(イ) 本件商品売買契約書によって本件商品売買契約が本件各差押処分より前に成立しているか否かについて

本件商品売買契約書については、本件商品売買契約書に記名のあるＫ１社長が、上記ロの(イ)のＡのとおり、本件商品売買契約書に請求人の実印を押印したと答述していること、同じく記名のあるＫ３前社長が、上記ロの(ロ)のＡの(A)ないし(C)及び同Ｂの(A)のとおり、本件商品売買契約書の文面を作成したと答述していること、及び本件商品売買契約書に滞納法人の実印が押印されていることからすると、請求人及び滞納法人作成部分は両当事者の意思表示により、真正に成立したものと認められる。そうすると、特段の事情のない限り、本件商品売買契約書に記載されたとおりの意思表示がされたと認められることになる。

しかしながら、その意思表示をした時期については、必ずしも本件商品売買契約書に契約日として記載された日に意思表示がされたとはいえない。

そこで、本件商品売買契約の意思表示がされた日について検討するに、①本

件商品売買契約書に押印されている滞納法人の実印を誰が押したかについて、K1社長及びK3前社長の答述は、上記ロの(イ)のB並びに同(ロ)のAの(E)ないし(H)及び同Bの(C)のとおり、食い違っていること、②本件商品売買契約書の明細別添資料であるとして、請求人が提出した本件売買対象商品明細は、上記イの(ヘ)のとおり、A4版で110枚の書面であるところ、本件商品売買契約書の文面を作成したと認められるK3前社長は、上記ロの(ロ)のAの(D)のとおり、本件売買対象商品明細を正解しない答述をし、さらに、同Bの(B)のとおり、合理的な理由なく答述を変遷させていること、③本件商品売買契約書については、上記イの(ニ)のとおり、本件各差押処分の当日、滞納法人から所持しているとして呈示されることなく、また、徴収職員の捜索によっても滞納法人の本社事務所内で発見されなかったこと、④本件相殺に係る会計処理は、上記イの(ホ)のとおり、請求人は本件各差押処分後の平成30年4月26日に行い、滞納法人に至っては本審査請求がされた後の同年11月21日に行っていること、⑤上記イの(ハ)のとおり、本件公正証書には、その第1条（債務の確認）に、本件相殺がされていない金額が記載されていることから、本件商品売買契約書が平成30年2月28日に成立していたとすると、本件商品売買契約書は、請求人と滞納法人との間で真正に成立し意思の合致があったと認められる本件公正証書とその内容において矛盾すること、及び⑥上記イの(ロ)のとおり、平成30年3月1日以降、動産1について、請求人が滞納法人に対して販売を委託したと認めるに足りる証拠がないことを踏まえると、本件については、請求人と滞納法人との間で、本件商品売買契約の意思表示がされたことは否定できないものの、請求人が主張する平成30年2月28日に、その意思表示がされたと認められない事情があるといえる。

　したがって、本件商品売買契約書から、滞納法人が平成30年2月28日に本件商品売買契約の意思表示をしたと認めることはできないと解するのが相当である。そして、K3前社長が平成30年3月9日までに本件商品売買契約書を作成し親会社に持ち込んで押印した旨の答述は、K1社長の答述（上記ロの(イ)のB）と食い違っていること、及びK3前社長の答述（上記ロの(ロ)のAの(E)ないし(H)及び同Bの(C)）が変遷していることからして信用できず、他に本件各差押処分より前に本件商品売買契約が成立していたことを認めるに足りる証拠はない。

よって、本件商品売買契約書によって本件商品売買契約が本件各差押処分より前に成立しているとは認められない。

(ロ) 本件商品売買契約時においてK3前社長が滞納法人の業務について執行する権限を有していたか否かについて

滞納法人は、平成30年3月31日までは取締役会設置会社であったところ、同日までの滞納法人の業務を執行する権限は、会社法第363条《取締役会設置会社の取締役の権限》第1項の規定により、代表取締役及び代表取締役以外の取締役であって、取締役会の決議によって取締役会設置会社の業務を執行する取締役として選定されたものが有することになる。また、代表取締役の選定及び解職は、会社法第362条《取締役会の権限等》第2項第3号の規定により取締役会の職務とされており、さらに、同条第3項の規定により、取締役会は、取締役の中から代表取締役を選定しなければならないとされている。そして、代表取締役の解職は、取締役会決議により直ちに発生し、会社代表機関たる地位が失われることの効果として、その会社を代表する権限も当然消滅するものと解されている（最高裁昭和41年12月20日第三小法廷判決・民集20巻10号2160頁参照）。

これを本件についてみると、上記イの(イ)のとおり、平成30年2月14日付の取締役会において、K3前社長の代表取締役の辞任及びK2社長の代表取締役の就任が決議されている。そして、代表取締役を解職されたK3前社長が、滞納法人の業務を執行する取締役として選定されたと認めるに足る証拠はない。したがって、平成30年2月14日以降、滞納法人の業務について執行する権限を有するのは、代表取締役として選定されたK2社長であり、K3前社長は、滞納法人の業務について執行する権限を有しない。

また、K2社長は、上記イの(ニ)のとおり、本件各差押処分時に本件商品売買契約書の存在を知らなかったのであるから、本件各差押処分時より前に、K2社長がK3前社長のした本件商品売買契約を事後的に追認したと解することもできない。

以上のとおり、K3前社長は、本件商品売買契約書に締結日として記載されている平成30年2月28日以前の同月14日以降、滞納法人の業務について執行する権限を有していなかったのであるから、当該権限を有していないK3前社長

と請求人との間で本件商品売買契約について意思の合致があったとしても、その効力を認めることはできない。

(ハ)　本件商品売買契約に基づき滞納法人から請求人に対し本件各差押処分より前に動産１の引渡し（占有改定）が行われているか否かについて

　　　本件商品売買契約後の平成30年３月１日以降、滞納法人から請求人に対し動産１の引渡し（占有改定）がされているか否かについては、上記イの(ロ)のとおり、請求人から滞納法人に販売を委託したと認めるに足りる証拠はないものの、本件商品売買契約書によれば、その第３条において、商品は請求人の指定する場所において引渡しを行うものとされていることから、動産１については、同条に基づき滞納法人から請求人に対し引渡し（占有改定）がされることが予定されていたと解する余地はある。

　　　しかしながら、本件商品売買契約書が真正に成立していたとしても、その第３条の文言に従って引渡場所が指示されたとか、滞納法人に動産１の占有を委任する旨の意思表示がされたと認めるに足りる証拠はないから、請求人が滞納法人から動産１の引渡しを受けたと認めることはできない。

(ニ)　まとめ

　　　以上のとおり、上記(イ)ないし(ハ)のいずれからしても、本件商品売買契約により、本件各差押処分時までに、動産１の所有権が滞納法人から請求人に移転していたとは認められない。

ニ　請求人の主張について

(イ)　請求人は、上記３の「請求人」欄の(1)のイのとおり、動産１については、本件商品売買契約によってその所有権が請求人に移転した後、請求人から滞納法人に販売を委託した旨主張し、その証拠として、「委託納品伝票」と題する書面（以下「本件委託納品伝票」という。）を提出する。

　　　しかしながら、請求人は、少なくとも平成30年２月２日までは「委託書」という書面によって滞納法人に販売を委託していたと認められるところ、本件委託納品伝票は、当該委託書と体裁を大きく異にするとともに、一般企業間における取引を証する書面とはいい難いものである。また、本件商品売買契約書において売買の対象とされた商品は、上記イの(ヘ)のとおり、ｆ店は464個（5,044,573円）であり、ｇ店は1,299個（3,078,649円）であると認められるところ、

本件委託納品伝票において請求人から滞納法人に販売を委託したとする商品は、f店については778個（10,443,428円）と、g店については1,550個（4,995,958円）とされ、本件商品売買契約書の売買対象商品数と大きく乖離している。そうすると、本件委託納品伝票は、本件商品売買契約により滞納法人から請求人に所有権移転した商品について、請求人が滞納法人に販売を委託したことを証する書面とは認められない。

　以上のことから、本件委託納品伝票によって、平成30年３月１日以降、動産１について、請求人が滞納法人に販売を委託したとは認められない。

㈢　請求人は、上記３の「請求人」欄の(1)のイのとおり、本件商品売買契約の経緯等からすると、滞納法人が請求人に対して滞納法人所有の全ての在庫商品を請求人に譲渡する意思があったことは疑いの余地がなく、本件商品売買契約が作成日付である平成30年２月28日に成立していることは明らかである旨主張する。

　確かに、滞納法人が請求人に対して滞納法人所有の全ての在庫商品を請求人に譲渡する意思があったことは認められる。

　しかしながら、当該意思があったとしても、上記ハの(イ)のとおり、平成30年２月28日に本件商品売買契約の意思表示がされたと認められない事情があることに変わりはない。

㈣　請求人は、上記３の「請求人」欄の(1)のニのとおり、Ｋ３前社長の辞任は商業登記簿上平成30年２月14日であるが、登記がされた同年３月14日頃までは、Ｋ３前社長が滞納法人の代表取締役としての職務を行っていたものであり、本件商品売買契約書上の滞納法人の代表取締役がＫ３前社長であることは、むしろ実態に即している旨主張する。

　しかしながら、Ｋ３前社長が、平成30年３月14日頃まで代表取締役としてその職務を行っていたとしても、上記ハの(ロ)のとおり、代表取締役の解職は取締役会決議により直ちに発生し、会社代表機関たる地位が失われることの効果として、その会社を代表する権限も当然消滅するものと解されている（最高裁昭和41年12月20日第三小法廷判決・民集20巻10号2160頁参照）ことから、これに反して、代表取締役の地位にないＫ３前社長が、滞納法人の業務について執行する権限を有していたと認めることはできない。

㈡　請求人は、上記３の「請求人」欄の⑴のホのとおり、本件公正証書に記載した請求人の滞納法人に対する債権額の中に、本件相殺の額が含まれてしまったのは、請求人の２月末決算の集計作業中であり、経理担当者に本件相殺のことが伝えられていなかったため、本件相殺前の金額に基づいて作成されてしまったからにすぎない旨主張する。

　　しかしながら、本件公正証書の作成目的は、上記イの㈡のとおり、滞納法人の請求人に対する債務を確定させること、滞納法人が返済不能となった場合に返済不能となった額を請求人において損金処理できるようにすることなどのためであると認められるところ、仮に、本件商品売買契約が成立しているのであれば、本件公正証書作成時点における請求人の滞納法人に対する売掛金債権残額の約74％を占め、金額的にも１億４千万円（税込み）を超える多額の売掛金債権については既に回収が済んでいるのであるから、上記本件公正証書の作成目的に鑑み、このような多額の売掛金債権の相殺処理を失念することは、営利活動を行っている法人、特にいわれなき多額の債務を負うこととなる滞納法人としては極めて不自然であるといわざるを得ず、決算の集計作業中における連絡不徹底という理由も、決算処理は法人としての当然の業務であることからすれば、合理的な理由とは認められない。

㈢　以上のとおり、請求人の主張にはいずれも理由がない。

⑶　動産２について

　　請求人は、上記３の「請求人」欄の⑵のとおり、動産２については、本件商品売買契約を締結した後の平成30年３月１日以降、請求人と滞納法人との間で本件売買基本契約に基づく取引を行った事実はなく、請求人から滞納法人に販売を委託したものである旨主張する。

　　しかしながら、動産２について、請求人から滞納法人に販売を委託したと認めるに足りる証拠はなく、また、その他本件売買基本契約に基づくことなく取引されたと認めるに足りる証拠もない。

　　したがって、動産２については、本件売買基本契約によらず、請求人から滞納法人に販売を委託したものであるとは認められない。

⑷　小括

　　以上のとおり、動産１については、本件商品売買契約により、本件各差押処分時

までに、その所有権が滞納法人から請求人に移転しているとは認められず、また、動産2については、本件売買基本契約によらず、請求人から滞納法人に販売を委託したものであるとは認められないから、本件各差押処分時における本件各差押財産の所有者は、いずれも滞納法人であると認められる。

(5) 本件各差押処分の適法性について

以上のとおり、本件各差押財産は、本件各差押処分時において滞納法人の所有財産であると認められ、上記1の(3)のヘ、チ及びリのとおり、本件各差押処分は、徴収法所定の要件を充足している。

また、本件各差押処分のその他の部分については、請求人は争わず、当審判所に提出された証拠資料等によっても、これを不相当とする理由は認められない。

したがって、本件各差押処分は適法である。

(6) 結論

よって、本審査請求は理由がないから、これを棄却することとする。

別表1　本件滞納国税（平成30年4月24日現在）（省略）

別表2－1　動産1（f店における差押財産）（省略）

別表2－2　動産1（g店における差押財産）（省略）

別表3－1　動産2（f店における差押財産）（省略）

別表3－2　動産2（g店における差押財産）（省略）

事例11（財産の換価等　最高価申込者の決定）

　　当初の基準価額から再公売による市場性減価及び公売特殊性減価の上算出した見積価額による最高価申込者決定処分について、減価は徴収法基本通達の範囲内で行われており、合理性を欠くものとは認められないことから、見積価額が時価より著しく低廉であるとは認められず、最高価申込者決定処分も違法なものとはいえないとした事案（最高価申込者決定処分・棄却・令和元年9月19日裁決）

《要旨》
　請求人は、請求人が所有する土地（本件土地）の最高価申込価額（本件最高価申込価額）は、請求人が任意売却を申し入れた際の金額や本件土地の近隣の土地の販売価格よりも低廉であるため、最高価申込者決定処分は違法である旨主張する。しかしながら、本件最高価申込価額と同額の公売時見積価額は、国税徴収法（平成30年3月法律第7号による改正前のものをいう。）第98条《見積価額の決定》第1項や国税徴収法基本通達第98条関係2《公売財産の評価》、同3《見積価額の決定》、同通達第107条関係1－2《見積価額の変更》を根拠として、不動産鑑定士による鑑定評価額を基に、期間経過に伴う価格変動を時点修正し、公売において需要がなく公売が不成立となった事実を根拠に市場性減価し、公売が強制売却であること等による公売特殊性減価した上で算出されたものであり、算出過程に不合理な点は認められないから、本件最高価申込価額も公売財産の時価より著しく低廉であるとは認められない。

《参照条文等》
　国税徴収法第98条、第104条第1項、第107条第1項
　国税徴収法基本通達第98条関係2、3
　国税徴収法基本通達第107条関係1－2

（令和元年 9 月19日裁決）

《裁決書（抄)》

1　事　実

(1)　事案の概要

　　本件は、原処分庁が、審査請求人（以下「請求人」という。）の滞納国税を徴収
するため、請求人が所有する土地について公売を実施し、最高価申込者の決定処分
を行ったのに対し、請求人が、最高価申込価額は、請求人が任意売却を申し入れた
際の金額等と比較して低廉であるから、当該決定処分は違法であるとして、原処分
の取消しを求めた事案である。

(2)　関係法令等

　　関係法令等は、別紙のとおりである。

　　なお、別紙で定義した略語については、以下、本文でも使用する。

(3)　基礎事実及び審査請求に至る経緯

　　当審判所の調査及び審理の結果によれば、以下の事実が認められる。

　イ　G税務署長は、平成20年 5 月15日付で、請求人の滞納国税を徴収するため、請
　　求人が所有する各土地を差し押さえた。

　　　以下、G税務署長が差し押さえた請求人が所有する各土地を「本件各土地」と
　　いい、その内訳は、別表 1 のとおりである。

　ロ　原処分庁は、請求人の滞納国税について、平成20年 5 月30日、国税通則法（以
　　下「通則法」という。）第43条《国税の徴収の所轄庁》第 3 項の規定に基づき、
　　G税務署長から徴収の引継ぎを受けた。

　ハ　原処分庁は、本件各土地について、徴収法第98条第 1 項の規定に基づき、見積
　　価額を○○○○円と決定した。

　　　その後、原処分庁は、平成○年○月○日付で、徴収法第95条《公売公告》第 1
　　項及び徴収法第99条《見積価額の公告等》第 1 項の各規定に基づき、公売公告処
　　分（同年○月○日から同月○日までの公売期日）及び、見積価額を○○○○円と
　　する見積価額の公告をし、本件各土地の公売を実施したが、入札者がなかった。

　　　以下、上記の公売公告処分と見積価額の公告に係る原処分庁の本件各土地の見
　　積価額の決定を「本件第一次決定」といい、本件第一次決定で決定した本件各土
　　地の見積価額を「本件第一次見積価額」という。

ニ　原処分庁は、徴収法第98条第1項の規定に基づき、本件各土地の見積価額を、本件第一次見積価額から○○○○円に変更決定し、平成○年○月○日付で、徴収法第95条第1項及び徴収法第99条第1項の各規定に基づき、公売公告処分（同年○月○日から同年○月○日までの公売期日）及び、見積価額を○○○○円とする見積価額の公告をし、本件各土地の公売を実施したが、入札者がなかった。

　　さらに、原処分庁は、本件各土地について、平成○年○月○日付で、徴収法第95条第1項及び徴収法第99条第1項の各規定に基づき、公売公告処分（同年○月○日から同年○月○日までの公売期日）及び、見積価額を○○○○円とする見積価額の公告をし、本件各土地の公売を実施したが、入札者がなかった。

　　以下、上記の各公売公告処分と各見積価額の公告に係る、原処分庁の本件各土地の見積価額の決定を「本件第二次決定」といい、本件第二次決定で決定した本件各土地の見積価額を「本件第二次見積価額」という。

ホ　原処分庁は、徴収法第98条第1項の規定に基づき、本件各土地の見積価額を、本件第二次見積価額から○○○○円に変更決定し、平成○年○月○日付で、徴収法第95条第1項及び徴収法第99条第1項の各規定に基づき、公売公告処分（平成○年○月○日から同年○月○日までの公売期日）及び、見積価額を○○○○円とする見積価額の公告をし、本件各土地の公売を実施したところ、見積価額を上回る○○○○円を最高の価額とする入札者があったことから、同年○月○日付で、徴収法第104条第1項の規定に基づき、当該入札に係る入札者を最高価申込者とする最高価申込者の決定処分を行った。

　　以下、上記の公売公告処分と見積価額の公告に係る、原処分庁の本件各土地の見積価額の決定を「本件第三次決定」といい、本件第三次決定で決定した本件各土地の見積価額を「本件第三次見積価額」という。

ヘ　請求人は、平成30年2月13日、上記ホの最高価申込者の決定処分について、不服があるとして審査請求をした。

　　その後、平成30年3月19日、上記ホの最高価申込者から原処分庁に対し、徴収法第114条《買受申込み等の取消し》の規定に基づき、本件各土地の買受申込み等の取消しの申出があったことから、原処分庁は、同月20日、上記ホの最高価申込者の決定処分を取り消した。

　　請求人は、平成30年4月10日、審査請求の対象としていた処分がなくなったこ

とから、上記の審査請求を取り下げた。

ト　原処分庁は、徴収法第98条第1項の規定に基づき、本件各土地の見積価額を、本件第三次見積価額から○○○○円に変更決定し、平成○年○月○日付で、徴収法第95条第1項及び徴収法第99条第1項の各規定に基づき、公売公告処分（同年○月○日から同月○日までの公売期日）及び、見積価額を○○○○円とする見積価額の公告をしたが、公売の実施を取りやめた。

チ　原処分庁は、本件各土地について、上記トの見積価額により、平成○年○月○日付で、徴収法第95条第1項及び徴収法第99条第1項の各規定に基づき、公売公告処分（同年○月○日から同月○日までの公売期日）及び、見積価額を○○○○円とする見積価額の公告をし、公売を実施した。

　　以下、上記の公売公告処分と見積価額の公告を「本件公売」、本件公売に係る原処分庁による本件各土地の見積価額の決定を「本件公売時決定」、本件公売時決定で決定した本件各土地の見積価額を「本件公売時見積価額」という。

リ　原処分庁が本件公売を実施したところ、参加人により、本件公売時見積価額と同額で、かつ、最高の価額とする入札があったことから、原処分庁は、平成○年○月○日付で、徴収法第104条第1項の規定に基づき、参加人を最高価申込者とする最高価申込者の決定処分（以下「本件最高価申込者決定処分」という。）をし、同月○日、徴収法第106条《入札又は競り売りの終了の告知等》第2項の規定に基づき、請求人に対して、本件公売に係る本件各土地の最高価申込者である参加人の名称及び売却決定日時等所定の事項を通知するとともに、これらの事項を公告した。

　　以下、本件最高価申込者決定処分に係る価額を「本件最高価申込価額」という。

ヌ　請求人は、平成30年11月27日、本件最高価申込者決定処分に不服があるとして、審査請求をした。

ル　参加人は、平成30年12月20日、通則法第109条《参加人》の規定に基づき、上記ヌの審査請求に参加した。

2　争　点

　本件最高価申込者決定処分は、本件最高価申込価額が低廉となった違法なものであるか否か。

3　争点についての主張

原処分庁	請求人
次のとおり、本件公売時見積価額以上の価額で決定した本件最高価申込者決定処分は適法である。 (1) 本件公売に係る本件各土地の基準価額は、不動産鑑定士による鑑定評価額を基に、過去3回の公売において入札者がなかったことによる市場性減価を反映させ、また、複数の不動産業者から聴取した意見も参考にして決定した適正な価額である。 (2) そして、本件公売時見積価額は、上記(1)の基準価額から、公売に付されることによる公売特殊性を減価して算出された適正な価額である。 (3) 本件最高価申込価額○○○○円は本件公売時見積価額以上である。	本件最高価申込価額が、請求人が任意売却を申し入れた際の金額5,000,000円（以下「本件任意売却申入額」という。）や本件各土地の近隣の土地の販売価格よりも低廉であることからすれば、本件最高価申込者決定処分は違法である。

4 当審判所の判断

(1) 認定事実

　　原処分関係資料並びに当審判所の調査及び審理の結果によれば、以下の事実が認められる。

　イ　鑑定評価

　　　原処分庁は、不動産鑑定士であるHに対し、差押不動産の公売のため、本件各土地の鑑定評価を依頼した。

　　　Hは、平成29年3月10日付で、取引事例比較法及び収益還元法を適用し、各方法によって算定された比準価格及び収益価格に加え、公示価格等から査定した規準価格を検討して、本件各土地の鑑定評価額を合計9,390,000円とする鑑定評価書（以下「本件鑑定評価書」という。）を作成した。

　　　なお、本件鑑定評価書の要旨は別表2のとおりであり、以下、本件鑑定評価書

の鑑定評価額9,390,000円を「本件鑑定評価額」という。

ロ　本件公売時見積価額の決定過程等

(イ)　本件第一次決定

　　　原処分庁は、平成29年4月5日、別表3の「第一次決定」欄の「基準価額1」欄のとおり、本件鑑定評価額を本件各土地の基準価額とし、これに公売特殊性減価として30％を減価し、本件第一次決定をした。

(ロ)　本件第二次決定

　　　原処分庁は、上記1の(3)のハのとおり、本件第一次見積価額により本件各土地の公売を実施したが、入札者がなかったことから、平成29年6月13日、市場性減価事由があるとして直前の基準価額である本件鑑定評価額から市場性減価として30％を減価し、別表3の「第二次決定」欄の「基準価額2」欄のとおり、基準価額○○○○円を算出し、併せて公売特殊性減価（マイナス30％）及び端数調整（千円未満切捨て、以下同じ。）をして、本件第二次決定をした。

(ハ)　本件第三次決定

　A　原処分庁は、上記1の(3)のニのとおり、本件第二次見積価額により、2回にわたって本件各土地の公売を実施したが、いずれも入札者がなかったことから、平成29年11月7日、直前の基準価額である上記(ロ)の基準価額から更に市場性減価として30％を減価し、別表3の「第三次決定」欄の「基準価額3」欄のとおり、基準価額○○○○円を算出し、併せて公売特殊性減価（マイナス30％）及び端数調整をして、本件第三次決定をした。

　B　なお、本件第三次決定の際、原処分庁は、本件各土地の所在するａ市内の複数の不動産業者から入手した、①本件各土地のある地域一帯は古い住宅地であり、道路も狭く、空き家が多いなどの住環境から、人気のない地域であること、②本件各土地は、本件第二次見積価額○○○○円よりも相当低額でないと買い手はいないことなどの情報を参考にして、直前の基準価額である上記(ロ)の基準価額から市場性減価として30％を減価した。

(ニ)　本件公売時決定

　　　原処分庁は、平成30年6月21日、改めて本件各土地の公売を実施するため、本件鑑定評価書の鑑定時点である平成29年3月1日から時が経過していることによる時点修正を行った後、上記(ハ)と同様に、市場性減価として30％を減価し、

別表３の「公売時決定」欄の「基準価額３」欄のとおり、基準価額○○○○円を算出し、併せて公売特殊性減価（マイナス30％）及び端数調整をして、本件公売時決定をした。

(2) 法令解釈

イ　徴収法第98条第１項は、別紙の１の(1)のとおり規定しているところ、その趣旨は、徴収法第104条第１項（別紙の１の(2)）が、最高の価額による入札者であっても、その価額が見積価額に達しないときは最高価申込者としていないこととあいまって、公売価額が著しく低廉となることを防止するために、最低売却価額を保障しようとした点にあると解される。

　そして、この点につき、徴収法基本通達第98条関係２（別紙の２の(1)）において、公売財産の評価は、財産の所在する場所の環境、種類、規模、構造等、その財産の特性に応じ、取引事例比較法、収益還元法、原価法その他の評価方法を適切に用いるとともに、市場性、収益性、費用性その他の公売財産の価格を形成する要因を適切に考慮し、その財産の時価に相当する価額（基準価額）を求めることに留意して行う旨、基準価額は、公売財産を直ちに売却する場合に想定される現在価値であって、その財産の種類、性質などにより市場性が劣ること等による固有の減価（市場性減価）を適切に反映させる旨定めているところ、公売財産が、買受希望者に通常購買意欲を生じさせ難い物件や採算の合わない物件等である場合には、別途追加的又は補充的な市場性減価が必要であるというべきであるから、当審判所においても、この取扱いは相当と認める。

ロ　さらに、公売には、①換金を目的とした強制売却であること、②換価する財産や公売の日時及び場所が一方的に決定されること、③売主は瑕疵担保責任を負わないこと及び④買主は原則として解約等ができないことなどの特殊性があり、見積価額を算定する際にはこれらの特殊性を考慮して減価する必要があるから、見積価額は、時価を相当に下回るのが通常である。

　しかしながら、公売の特殊性を考慮して算定された見積価額が時価より著しく低廉で、その結果、最高価申込価額も時価より著しく低廉となった場合には、最低売却価額の保障という徴収法第98条第１項の趣旨に反することとなるから、このような場合の最高価申込者の決定処分は違法になると解すべきである。

ハ　なお、見積価額及び最高価申込価額が時価より著しく低廉であるといえるか否

かの判断基準は、公売対象財産や公売時点の市況等によって具体的事情が相当異なるため、一律に定めることは困難であるところ、実務上、徴収法基本通達第98条関係3（別紙の2の(2)）において、見積価額の決定に当たっては、基準価額のおおむね30％程度の範囲内で減価（公売特殊性減価）を行う旨定めており、この割合は、最低売却価額の保障という徴収法第98条第1項の趣旨に照らして一定の合理性を有するといえるから、上記通達の取扱いは、当審判所においても相当と認める。

ニ　また、徴収法第107条第2項は、別紙の1の(3)のとおり、公売に付しても入札者等がないときに更に公売に付する（再公売）場合において、必要であると認めるときは、公売財産の見積価額を変更することができる旨規定しており、その趣旨は、直前に公売に付した公売財産について再公売を行う際、その直前の見積価額により公売することが適当でないと認められる合理的な理由がある場合、その公売財産の価格形成要因の変化や市場性等を踏まえ、徴収法第98条第1項の趣旨に合致するよう、適正に見積価額を見直すことを許容した点にあるものと解される。

　　　この点につき、徴収法基本通達第107条関係1－2（別紙の2の(3)）は、公売に付しても入札者等がない事実は、その公売財産の市場性が劣ることを示す合理的な理由の一つであることから、公売に付しても入札者等がなかったことによる市場性減価を直前の基準価額から適切に減価して見積価額を変更する旨、この場合の市場性減価は、直前の基準価額のおおむね30％の範囲内とする旨それぞれ定めているところ、公売財産につき公売に付しても入札者等がない事実は、当該公売財産の直前の見積価額によっては公売市場において当該公売財産に対する需要がなかったことを示す新たな事情といえる。

　　　そうすると、当該公売財産の再公売に当たり、見積価額決定の前提となった事実に、公売に付しても入札者等がなかったという新たな事実をも考慮して、直前の基準価額の30％の範囲内で市場性減価を行い、見積価額を変更することは、徴収法第107条第2項の趣旨に照らして一定の合理性を有するものといえるから、上記通達の取扱いは、当審判所においても相当と認める。

(3)　検討
　イ　本件鑑定評価額について

本件鑑定評価書は、上記(1)のイのとおり、不動産鑑定評価の専門家であり、国家資格を有する不動産鑑定士が、別表2のとおり国土交通省が定める不動産鑑定評価基準に準拠して作成したものと認められ、本件鑑定評価額の算定過程に不合理な点は認められない。

ロ　時点修正について

　　原処分庁は、本件公売時見積価額の算定に当たり、期間経過に伴う価格変動を反映させるため、別表4のとおり近隣類似の都道府県基準地の価格を基に時点修正（上昇率プラス1.1％）を行って、試算価格を9,493,000円と算定したことが認められるところ、その算定過程に不合理な点は認められない。

ハ　市場性減価について

　(イ)　本件各土地について、原処分庁は、本件第一次見積価額により平成○年○月○日を公売期日とする公売を実施したが、当該公売が不成立となった事実は、本件各土地が、本件第一次見積価額によっては需要がなく、市場性が劣ることを示しているといえるものである。

　　　　したがって、原処分庁が本件公売時見積価額の算定に当たり、徴収法基本通達第107条関係1－2の定めに従って、直前の基準価額から市場性減価として30％を減価したことが合理性を欠くものとは認められない。

　(ロ)　さらに、本件各土地について、原処分庁は、本件第二次見積価額により平成○年○月○日を公売期日とする公売と、同年○月○日を公売期日とする公売を実施したが、当該各公売が不成立となっている事実は、本件各土地が、本件第二次見積価額によっても需要がなく、市場性が劣ることを示しているといえるものである。

　　　　原処分庁は、上記(1)のロの(ハ)及び(ニ)のとおり、本件第三次決定及び本件公売時決定において、a市内の複数の不動産業者から入手した、本件各土地の価額に関する情報を参考に、個別の物件における需要予測等も勘案した上で、直前の基準価額から市場性減価として30％を減価したことが認められる。

　(ハ)　したがって、原処分庁が本件公売時見積価額の算定に当たり、徴収法基本通達第107条関係1－2の定めに従って、重ねて市場性減価として各30％を減価したことも、合理性を欠くものとは認められない。

ニ　公売特殊性減価について

原処分庁は、上記(1)のロの(ニ)のとおり、徴収法基本通達第98条関係3の定めに基づき、公売特殊性減価として30％を減価した上で、本件公売時見積価額を決定しているが、公売特殊性減価は、別紙の2の(2)のロのとおり、徴収法基本通達第98条関係3の範囲内で行われており、合理性を欠くものとは認められない。

ホ　まとめ

以上によれば、本件公売時見積価額が、時価より著しく低廉であるとは認められず、これと同額の本件最高価申込価額も、時価より著しく低廉であるとは認められない。

したがって、本件最高価申込者決定処分は違法なものとはいえない。

(4)　請求人の主張について

請求人は、本件最高価申込価額は、本件任意売却申入額や本件各土地の近隣の土地の販売価格よりも低廉であることから、本件最高価申込者決定処分は違法である旨主張する。

しかしながら、最高価申込価額が時価より著しく低廉であるといえる場合に最高価申込者の決定処分は違法になると解されるところ、仮に、本件任意売却申入額や本件各土地の近隣の土地の販売価格に比して、本件最高価申込価額が低かったとしても、直ちに本件最高価申込者決定処分が違法となるわけではなく、また、本件最高価申込価額が本件各土地の時価より著しく低廉であるとは認められないことは、上記(3)のホのとおりである。

したがって、請求人の主張には理由がない。

(5)　本件最高価申込者決定処分の適法性について

本件最高価申込者決定処分は、上記(3)のホのとおり、違法なものとはいえない上、上記1の(3)のリのとおり、本件公売時見積価額以上の金額で、かつ、最高の価額による入札者を最高価申込者と決定しており、徴収法第104条の規定に基づき適法に行われている。

また、本件最高価申込者決定処分のその他の部分については、請求人は争わず、当審判所に提出された証拠資料等によっても、これを不相当とする理由は認められない。

したがって、本件最高価申込者決定処分は適法である。

(6)　結論

よって、審査請求は理由がないから、これを棄却することとする。

別表1　本件各土地の内訳　（省略）

別表2　本件鑑定評価書の要旨　（省略）

別表3　見積価額決定の要旨　（省略）

別表4　原処分庁が本件公売時決定を行った際の時点修正　（省略）

別紙

関係法令等

1　国税徴収法

(1)　国税徴収法（平成30年3月法律第7号による改正前のものをいい、以下「徴収法」という。）第98条《見積価額の決定》第1項は、国税局長（徴収法第184条《国税局長が徴収する場合の読替規定》の規定による読替え後のもの。以下同じ。）は、近傍類似又は同種の財産の取引価格、公売財産から生ずべき収益、公売財産の原価その他の公売財産の価格形成上の事情を適切に勘案して、公売財産の見積価額を決定しなければならない旨、この場合において、国税局長は、差押財産を公売するための見積価額の決定であることを考慮しなければならない旨規定し、同条第2項は、国税局長は、同条第1項の規定により見積価額を決定する場合において、必要と認めるときは、鑑定人にその評価を委託し、その評価額を参考とすることができる旨規定している。

(2)　徴収法第104条《最高価申込者の決定》第1項は、徴収職員は、見積価額以上の入札者等のうち最高の価額による入札者等を最高価申込者として定めなければならない旨規定している。

(3)　徴収法第107条《再公売》第1項は、国税局長は、公売に付しても入札者等がないときは、更に公売に付するものとする旨規定し、同条第2項は、国税局長は、同条第1項の規定により公売に付する場合において、必要があると認めるときは、公売財産の見積価額の変更その他公売の条件の変更をすることができる旨規定している。

2　国税徴収法基本通達

(1)　国税徴収法基本通達（昭和41年8月22日付徴徴4－13ほか「国税徴収法基本通達の全文改正について」（法令解釈通達）による国税庁長官通達であり、平成30年12月19日付徴徴6－6による改正前のもの。以下「徴収法基本通達」という。）第98条関係2（公売財産の評価）は、公売財産の評価は、財産の所在する場所の環境、種類、規模、構造等、その財産の特性に応じ、「取引事例比較法」、「収益還元法」、「原価法」その他の評価方法を適切に用いるとともに、次に掲げる事項に留意して

行う旨定めている。

　イ　公売財産について、例えば、不動産の地目、地積、種類、構造、床面積等について現況と登記簿上の表示が異なる場合であっても、現況のまま行うこと。この場合において、公売によって消滅又は新たに成立する権利があるときは、これを適切に考慮すること。

　ロ　公売財産の市場性、収益性、費用性その他の公売財産の価格を形成する要因を適切に考慮し、その財産の時価に相当する価額（消費税及び地方消費税相当額を含んだ価額をいい、以下「基準価額」という。）を求めること。

　　㊟　上記の「基準価額」は、公売財産を直ちに売却する場合に想定される現在価値であって、その財産の種類、性質などにより市場性が劣ること等による固有の減価（以下「市場性減価」という。）を適切に反映させることに留意する。

　　㊟　「取引事例比較法」、「収益還元法」及び「原価法」は、不動産評価の重要な指針となっている国土交通省の「不動産鑑定評価基準」（平成14年7月3日全部改正）に定められている評価方法である。

(2)　徴収法基本通達第98条関係3（見積価額の決定）は、公売財産の見積価額は、その財産の評価額に基づき国税局長が決定する旨、この場合においては、差押財産等を公売により強制的に売却するためのものであることを考慮しなければならない旨を定め、次のことを掲げている。

　イ　見積価額は、差押財産等の基準価額から公売の特殊性を考慮した減価（以下「公売特殊性減価」という。）を控除して決定すること。ただし、買受人に対抗することができる公売財産上の負担があるときは、その負担に係る金額を更に控除して決定すること。

　ロ　公売特殊性減価は、公売には通常の売買と異なることによる特有の不利な要因として、次に掲げるような公売の特殊性があることから、基準価額のおおむね30％程度の範囲内で減価を行うこと。

　　(イ)　公売財産は、滞納処分のために強制的に売却されるため、いわば因縁付財産であり、買受希望者にとって心理的な抵抗感があること。

　　(ロ)　公売財産の買受人は、瑕疵担保責任（民法第570条《売主の瑕疵担保責任》）を追及することができず、また、原則として買受け後の解約、返品、取替えをすることができない上、その財産の品質、機能等について買受け後の保証がな

く、国税局長は公売した不動産について引渡義務を負わないほか、公売手続に違法があった場合は一方的に売却決定が取り消されること。

(ハ) 公売の日時及び場所等の条件が一方的に決定され、買受希望者は原則として建物についてその内部を事前に確認することができないなど公売財産に関する情報は限定され、公売の開始から買受代金の納付に至るまでの買受手続が通常の売買に比べて煩雑であり、また、買受代金は、その全額を短期間に納付する必要があること。

ハ 見積価額の決定及び変更に当たっては、鑑定人による鑑定評価額、公売財産の精通者の意見等を参考とすることができる。

(3) 徴収法基本通達第107条関係1－2（見積価額の変更）は、徴収法第107条第2項の「見積価額の変更」は、直前の見積価額の決定時点から公売財産の価格を形成する要因に変化があると認められる場合、新たな要因がじ後に判明した場合等、その直前の見積価額により公売することが適当でないと認められる場合に行うものとし、公売に付しても入札者等がない事実は、その公売財産の市場性が劣ることを示す合理的な理由の一つであることから、再公売を行う場合には、公売に付しても入札者等がなかったことによる市場性減価を直前の基準価額から適切に減価して見積価額を変更するものとし、この場合の市場性減価は、直前の基準価額のおおむね30％程度の範囲内とする旨定めている。

事例12 (財産の換価等　その他)

売却決定処分に係る見積価額が時価より著しく低廉であり違法であるとの請求人の主張に対し、売却決定価額と時価(基準価額)とを比較し、低廉ではないと判断した事例 (不動産の売却決定処分・棄却・令和元年7月2日裁決)

《ポイント》

本事例は、売却決定価額の低廉性の判断においては、売却決定価額と時価(基準価額)を比較するのが相当であり、見積価額の低廉性の主張に対しても、結果として売却決定価額が著しく低廉でない限り、低廉による違法の認定はないと判断したものである。

《要旨》

請求人は、請求人が所有する土地(本件土地)の時価については、少なくとも不動産販売会社による簡易査定価格を下回らないから、本件土地の見積価額(本件見積価額)は時価より著しく低廉であり、時価より著しく低廉な見積価額で公売された場合の売却価額は、見積価額が時価相当額であった場合と比べて当然に低廉となる旨主張する。

しかしながら、公売財産の見積価額は、その財産の時価に相当する基準価額を求めた上、公売の特殊性を考慮し、基準価額からそのおおむね30%程度の範囲内の公売特殊性減価を行い算定することから、時価を相当に下回るのが通常であるところ、公売財産の見積価額が時価より著しく低廉であり、その結果、売却価額も時価より著しく低廉となった場合には、見積価額の決定が最低売却価額の保障をすることにあるという趣旨に反することとなるから、この場合の売却決定処分は違法になると解すべきである。本件では、本件土地の基準価額に公売特殊性減価(減価率20%)をした額を本件見積価額として決定し、本件土地の売却価額は、本件土地の時価と認められる本件土地の基準価額の約85%に相当する価額であったことから、時価より著しく低廉でないと認められる。

《参照条文等》

国税徴収法第98条

国税徴収法第113条第1項

（令和元年7月2日裁決）

《裁決書（抄）》

1　事　実

(1)　事案の概要

　　本件は、原処分庁が、審査請求人（以下「請求人」という。）の滞納国税を徴収するため、その所有する土地について売却決定処分をしたのに対し、請求人が、当該土地の見積価額が時価より著しく低廉であるから、当該処分は違法であるとして、その全部の取消しを求めた事案である。

(2)　関係法令

　　イ　国税徴収法（平成30年法律第7号による改正前のもの。以下「徴収法」という。）第98条《見積価額の決定》第1項は、国税局長（同法第184条《国税局長が徴収する場合の読替規定》の規定による読替え後のもの。以下同じ。）は、近傍類似又は同種の財産の取引価格、公売に付する財産（以下「公売財産」という。）から生ずべき収益、公売財産の原価その他の公売財産の価格形成上の事情を適切に勘案して、公売財産の見積価額を決定しなければならず、この場合において、国税局長は、差押財産を公売するための見積価額の決定であることを考慮しなければならない旨規定し、同条第2項は、国税局長は、同条第1項の規定により見積価額を決定する場合において、必要と認めるときは、鑑定人にその評価を委託し、その評価額を参考とすることができる旨規定している。

　　ロ　徴収法第113条《不動産等の売却決定》第1項は、国税局長は、不動産等を換価に付するときは、公売期日等から起算して7日を経過した日において最高価申込者に対して売却決定を行う旨規定している。

(3)　基礎事実及び審査請求に至る経緯

　　当審判所の調査及び審理の結果によれば、以下の事実が認められる。

　　イ　原処分庁は、平成4年12月18日、請求人が納付すべき別表1記載の滞納国税について、国税通則法（平成30年法律第7号による改正前のもの。以下「通則法」という。）第43条《国税の徴収の所轄庁》第3項の規定に基づき、D税務署長から徴収の引継ぎを受けた。

　　ロ　原処分庁は、平成30年1月、別表2記載の土地（以下「本件土地」という。）について、徴収法第98条第1項の規定に基づき、その見積価額を○○○○円（以

下「本件見積価額」という。）と決定した。

ハ　原処分庁は、平成30年○月○日付で、本件土地を公売するため、売却区分番号を○○－○○として、徴収法第95条《公売公告》第1項及び同法第99条《見積価額の公告等》第1項の各規定に基づき、公売の日を同年○月○日から同月○日まで、売却決定の日時を同月○日○時、買受代金の納付期限を同日○時などとする公売公告処分（以下「本件公売公告処分」という。）及び見積価額を本件見積価額とする見積価額の公告を行うとともに、同法第96条《公売の通知》第1項の規定に基づき、同年○月○日付の公売通知書により公売公告事項及び公売に係る国税の額を請求人に通知した。

ニ　原処分庁は、本件公売公告処分に係る公売を実施し、徴収法第104条《最高価申込者の決定》第1項の規定に基づき、平成30年○月○日、本件見積価額以上の価額で入札した者のうち最高の価額である○○○○円で入札した者を最高価申込者と決定した（以下「本件最高価申込者決定処分」といい、当該最高価申込者を「本件最高価申込者」という。）。

ホ　原処分庁は、平成30年○月○日付で、徴収法第106条《入札又は競り売りの終了の告知等》第2項の規定に基づき、本件最高価申込者決定処分に係る本件最高価申込者の名称、価額等、同項所定の事項を、請求人に通知するとともに、公告した。

ヘ　請求人は、平成30年8月27日、本件最高価申込者決定処分を不服として、再調査の請求をしたところ、再調査審理庁は、同年10月22日付で棄却の再調査決定をした。

ト　原処分庁は、上記ヘのとおり、請求人から再調査の請求がされたことから、通則法第105条《不服申立てと国税の徴収との関係》第1項ただし書の規定に基づき、再調査決定があるまで売却決定処分を保留していたところ、その間に本件公売公告処分により公告した売却決定の日時（平成30年○月○日○時）が経過し、公告した日時に売却決定をすることができなかったことから、本件公売公告処分に係る公告事項のうち、①売却決定の日時を平成30年○月○日○時に、②買受代金の納付期限を同日○時に、それぞれ変更し、その変更した旨を、同年○月○日付で、公告するとともに、請求人に通知した。

チ　原処分庁は、平成30年○月○日○時、本件最高価申込者に対し、本件土地の売

却価額を○○○○円（以下「本件売却価額」という。）とする売却決定処分（以下「本件売却決定処分」という。）をした。

　　リ　請求人は、平成30年12月10日、上記トの買受代金の納付期限までに、本件売却決定処分に不服があるとして、審査請求をした。

2　争　点

　　本件売却決定処分は、本件見積価額が著しく低廉であることによって違法となるか否か。

3　争点についての主張

　(1)　原処分庁

　　　本件見積価額の決定に当たっては、原処分庁所属の職員が本件土地の所在地に臨場することにより現状を把握した上、不動産鑑定士に本件土地の鑑定評価を委託し、その鑑定評価額を本件土地の評価時点における客観的な時価と定め、当該客観的な時価から公売における特殊性を考慮し減価している。このように、原処分庁は、公売財産の価格形成上の事情を適切に勘案した上、本件見積価額を決定しており、その手続について瑕疵はなく、またその評価も妥当であるので、本件見積価額は客観的な時価より著しく低額ではないと認められる。そして、本件売却決定処分は、本件見積価額を上回る入札者のうち最高の価額で入札した本件最高価申込者に対して行っている。

　　　したがって、本件売却決定処分は適法である。

　(2)　請求人

　　　請求人が不動産販売会社に依頼した簡易査定価格が○○○○万円から○○○○万円までであることからすると、本件土地の時価は少なくとも○○○○万円を下回らないところ、時価より著しく低廉な見積価額で公売された場合の売却価額は、見積価額が時価相当額であった場合と比べて当然に低廉となる。

　　　したがって、本件売却決定処分は、本件見積価額が時価より著しく低廉であったことにより違法となる。

4　当審判所の判断

　(1)　法令解釈

　　　イ　徴収法第98条第1項は、国税局長は、近傍類似又は同種の財産の取引価格、公売財産から生ずべき収益、公売財産の原価その他の公売財産の価格形成上の事情

を適切に勘案して、公売財産の見積価額を決定しなければならない旨規定しているところ、その趣旨は、同法第104条第1項が、最高の価額による入札者であってもその価額が見積価額に達しないときは最高価申込者としていないこととあいまって、公売価額が著しく低廉となることを防止するために、最低売却価額を保障しようとした点にあると解される。

ロ　上記イの趣旨に照らせば、見積価額は、徴収法第98条第1項の規定に基づいて算定された客観的な交換価値、すなわち時価を基準として算定されるべきである。この点につき、国税徴収法基本通達（昭和41年8月22日付徴徴4－13ほか「国税徴収法基本通達の全文改正について」（法令解釈通達）による国税庁長官通達。以下「徴収法基本通達」という。）第98条関係2《公売財産の評価》において、公売財産の評価は、財産の所在する場所の環境、種類、規模、構造等、その財産の特性に応じ、取引事例比較法、収益還元法、原価法その他の評価方法を適切に用いるとともに、市場性、収益性、費用性その他の公売財産の価格を形成する要因を適切に考慮し、その財産の時価に相当する価額（以下「基準価額」という。）を求めることに留意して行う旨定めているところ、上記のとおり、見積価額は、客観的な交換価値、すなわち時価を基準として算定されるべきであるから、当審判所においても、この取扱いは相当と認める。

さらに、徴収法基本通達第98条関係2は、基準価額は、公売財産を直ちに売却する場合に想定される現在価値であって、その財産の種類、性質などにより市場性が劣ること等による固有の減価（以下「市場性減価」という。）を適切に反映させることに留意する旨定めているところ、公売財産が、買受希望者に通常購買意欲を生じさせ難い物件や採算の合わない物件等である場合には、別途追加的又は補充的な市場性減価が必要であるというべきであるから、当審判所においても、この取扱いは相当と認める。

ハ　加えて、公売には、①換金を目的とした強制売却であること、②換価する財産や公売の日時及び場所が一方的に決定されること、③売主は瑕疵担保責任を負わないこと及び④買主は原則として解約等ができないことなどの特殊性があることから、徴収法基本通達第98条関係3《見積価額の決定》において、見積価額の決定に当たっては、公売の特殊性を考慮し、差押財産の基準価額のおおむね30％程度の範囲内で減価（以下「公売特殊性減価」という。）を行う旨定めており、こ

の割合は、最低売却価額の保障という上記イの趣旨に照らして一定の合理性を有するといえるから、当審判所においても、この取扱いは相当と認める。

ニ　以上のとおり、公売財産の見積価額は、その財産の時価に相当する基準価額を求めた上、公売の特殊性を考慮し、基準価額からそのおおむね30％程度の範囲内の公売特殊性減価を行い算定することから、時価を相当に下回るのが通常である。

　　もっとも、公売財産の見積価額が時価より著しく低廉であり、その結果、売却価額も時価より著しく低廉となった場合には、最低売却価額の保障という上記イの趣旨に反することとなるから、この場合の売却決定処分は違法になると解すべきである。

(2)　認定事実

原処分関係資料並びに当審判所の調査及び審理の結果によれば、以下の事実が認められる。

イ　原処分庁は、本件土地の鑑定評価を、国家資格を有する不動産鑑定士に委託し、同不動産鑑定士は、不動産鑑定評価基準に則った鑑定評価を行い、平成29年11月10日時点における本件土地の市場価値を表示する適正な価額として、その鑑定評価額を10,500,000円（以下「本件鑑定評価額」という。）とした。

ロ　原処分庁は、平成30年１月、本件鑑定評価額を参考にして、徴収法基本通達第98条関係２の定めに従い、本件土地の基準価額を○○○○円（以下「本件基準価額」という。）とし、これに公売特殊性減価（減価率20％）をした額である○○○○円を本件見積価額として決定した。

(3)　当てはめ

原処分庁は、上記(2)のロのとおり、本件土地の時価と認められる本件基準価額を算定しているところ、これは、上記(2)のイのとおり、不動産鑑定評価の専門家であり国家資格を有する不動産鑑定士が、不動産鑑定評価基準に則った鑑定評価を行い、市場価値を表示する適正な価額であるとした本件鑑定評価額を参考にして、徴収法基本通達第98条関係２の定めに従い行っていることから、同算定方法に不合理な点は認められない。

そして、本件売却価額は、本件土地の時価と認められる本件基準価額（○○○○円）の約85％に相当する○○○○円であったことからして、時価より著しく低廉でないと認められる。

(4) 請求人の主張について

　請求人は、本件土地の時価については、少なくとも○○○○万円を下回らないから、本件見積価額は時価より著しく低廉であり、時価より著しく低廉な見積価額で公売された場合の売却価額は、見積価額が時価相当額であった場合と比べて当然に低廉となる旨主張する。

　しかしながら、請求人が主張する本件土地の時価とは、不動産販売会社による簡易査定価格に基づくものであるところ、その基礎資料及び算定過程等が不明であり、その相当性を検証することができない。

　また、公売における売却決定は、公売財産の見積価額以上でないと行われないことから、時価より著しく低廉な見積価額によって公売が実施された場合、その見積価額が時価相当額であった場合に比べて、売却価額が低廉になり得ることはあるものの、公売における入札が競争入札であることから、売却価額が見積価額に当然に連動するものでないことは自明のことである。そうすると、見積価額が時価より著しく低廉であったとしても、そのことによって当然に売却価額が時価より著しく低廉となるものではない。

　さらに、上記(1)のニのとおり、売却決定処分は、公売財産の見積価額が時価より著しく低廉であり、その結果、売却価額も時価より著しく低廉となった場合に、違法になると解すべきであるから、見積価額が時価より著しく低廉であったとしても、結果として、売却価額が著しく低廉でない場合は、見積価額が時価より著しく低廉であることを理由に違法となることはない。

　したがって、この点に関する請求人の主張には理由がない。

(5) 本件売却決定処分の適法性について

　本件売却決定処分は、上記1の(3)のへないしチのとおり、通則法第105条第1項ただし書及び徴収法第113条第1項の各規定を充足している。

　また、本件売却決定処分のその他の部分については、請求人は争わず、当審判所に提出された証拠資料等によっても、これを不相当とする理由は認められない。

　したがって、本件売却決定処分は適法である。

(6) 結論

　よって、本審査請求は理由がないから、これを棄却することとする。

別表 1　滞納国税の明細（省略）

別表 2　本件土地（省略）

裁決事例集（第116集）

令和 2 年 5 月18日　初版印刷
令和 2 年 5 月29日　初版発行

不　許
複　製

（一財）大蔵財務協会　理事長
発行者　　木　村　幸　俊

発行所　　　一般財団法人　大　蔵　財　務　協　会

〔郵便番号　130-8585〕
東京都墨田区東駒形 1 丁目14番 1 号
（販　売　部）TEL 03(3829)4141・FAX 03(3829)4001
（出版編集部）TEL 03(3829)4142・FAX 03(3829)4005
URL　http://www.zaikyo.or.jp

本書は、国税不服審判所ホームページ掲載の『裁決事例集No.116』より転載・編集したものです。

落丁・乱丁は、お取替えいたします。　　　　　　　　印刷　㈱恵友社
ISBN978-4-7547-2780-2